昭和～平成

阪急電鉄 沿線アルバム

解説　伊原 薫

神戸線上り普通列車の前を横切る今津線の下り列車。平面交差が解消されるまで、神戸線のホームは上りと下りが千鳥状に配置されており、この写真は下りホームから撮影したものと思われる。ダイヤモンドクロスを通過する際の、リズミカルなジョイント音が聞こえてくるようだ。◎西宮北口　1980(昭和55)年9月21日　撮影：森嶋孝司(RGG)

※本書では、特に必要な場合を除いて鉄道会社名、路線名、駅名は撮影当時の名称を記している。ただし、阪急電鉄については1973年に現社名となる以前も「阪急」の名称で統一した。また、個々の形式については「形」、複数の形式をまとめたグループを「系」と使い分けている。

大阪・長堀川沿いの風景。中央に架かっているのは心斎橋で、左側の大阪市電東西線を走っているのは1801形だろうか。右の建物に掲出された阪急の看板には、当時最新鋭の1000系が大きく描かれている。この付近から京都へ行くには京阪の方が便利であり、阪急がその牙城を切り崩そうとしていたのが分かる。
◎心斎橋付近　1957（昭和32）年４月９日　撮影：J.WALLY HIGGINS（NRA）

はじめに

　皆さんは、「阪急の車両」と言われて何を思い浮かべるだろうか。第一印象として圧倒的に多いのが、マルーン色の車体だろう（むしろ、ほぼ全員ではなかろうか）。阪急の車両は、1910年の開業時に導入された箕面有馬電気軌道1形から最新型の1000系・1300系にいたるまで、ごく一部を除いて全車がマルーン色を身にまとってきた。「マルーン色＝阪急」はもはや関西人にとって常識であり、それが故に他社で似た色の車両が登場すると「○○電鉄に阪急電車が走っていた」と話題になるほどである。

　だが一方で、マルーン色の印象が強すぎるあまり、車両のディテールや形式ごとの違いについてはあまり知られていない印象もある。たとえば、1930年に登場した900形は、わずかに丸妻となった前面と貫通扉に大きく書かれた車両番号、あるいは少し高い位置にある狭窓の側面など、戦前の阪急スタイルを確立。細かな変化を重ねながら、1956年に導入を終えた610形まで受け継がれた。2000系から5300系まで見られたシンプルな顔立ちも、形式によって微妙な差異がみられるものの、その違いを改めて説明するのはなかなか大変だ。

　本書には、タイトルにある通り昭和から平成にかけて、特に1950年代後半から1970年代前半の写真が多数収録されている。白黒写真であっても元の色が容易に想像でき、したがって頭の中ではカラーでその情景が浮かび上がってくるのが面白い。同時に、写り込んだ駅や沿線の風景、あるいは人々の姿が、当時の世相を映し出している。私のように阪急沿線で育った方は懐かしさを覚え、そうでない方は心の中にある阪急のイメージと少し違う一面を見つけられる一冊ではないかと感じている。

2021年7月　伊原　薫

600系650形を中間に挟んだ610系の4両編成が伊丹駅に停車中。600系は1926（大正15）年に製造された後、幾度となく制御車化や電動車化が行われ、それに応じて車両番号も変化した。この654号車も元電動車の600形609号という、複雑怪奇な経歴を持つ。伊丹駅舎は1995（平成7）年の阪神淡路大震災によって全壊。再建に際し、当時としては最先端のバリアフリー化がなされた。◎伊丹　1972（昭和47）年2月25日　撮影：西川和夫（NRA）

1章
カラーフィルムで記録された 阪急電鉄

神戸駅（現在の神戸三宮駅）を発車した梅田行き普通列車を国鉄三ノ宮駅から撮影した1枚。ベンチレーターによる自然換気からファンデリアによる強制換気となり、屋根肩にルーバーが並ぶ特徴的なスタイルが印象的だった。初期に製造された車両は戸袋窓が曇りガラスだったが、後に熱線吸収ガラスに変更された。
◎神戸〜春日野道　1964（昭和39）年12月20日　撮影：J.WALLY HIGGINS（NRA）

阪急電鉄の沿線案内図（所蔵・文：生田誠）

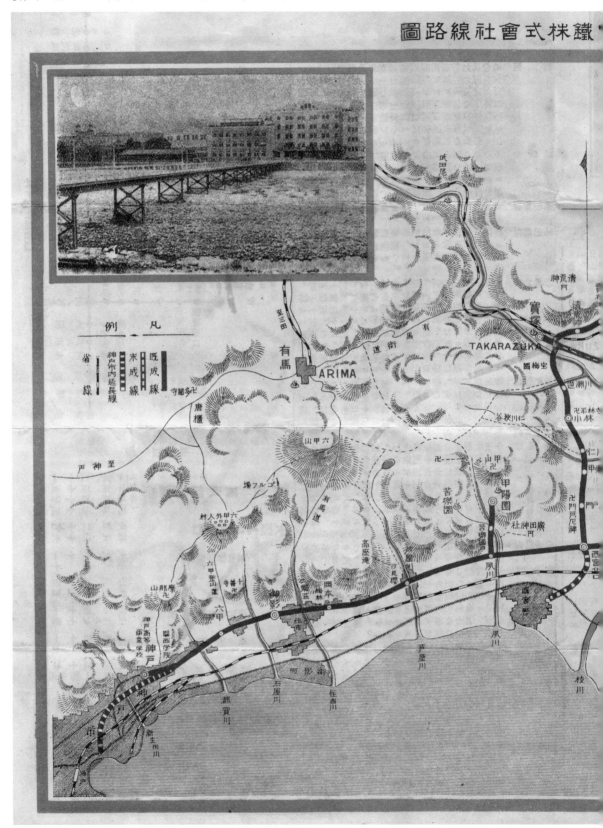

阪神急行

MINOO PARK

宝塚、箕面の写真が入っ
た阪神急行電鉄株式会社
線路図で、裏には沿線名
所案内があり、大正期の
ものと思われる。大阪側
の始発駅は大阪（現・大
阪梅田）駅となっており、
隣駅として北野駅、新淀
川駅が置かれていた。こ
の区間（梅田〜十三間）
は1926（大正15）年7月
に複々線高架化され、新
淀川駅は廃止される一
方、北野駅までの区間は
北野線となった。

7

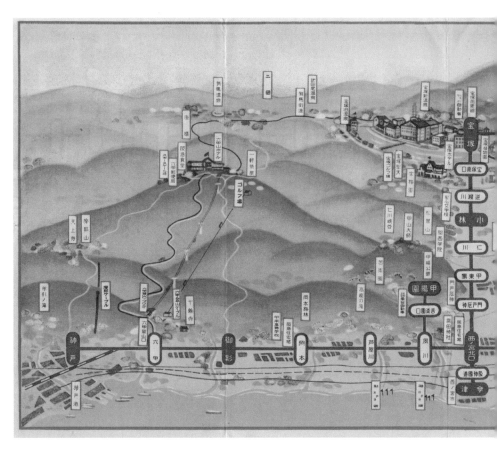

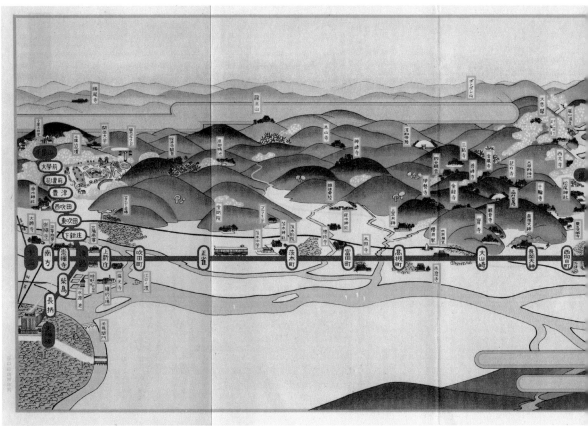

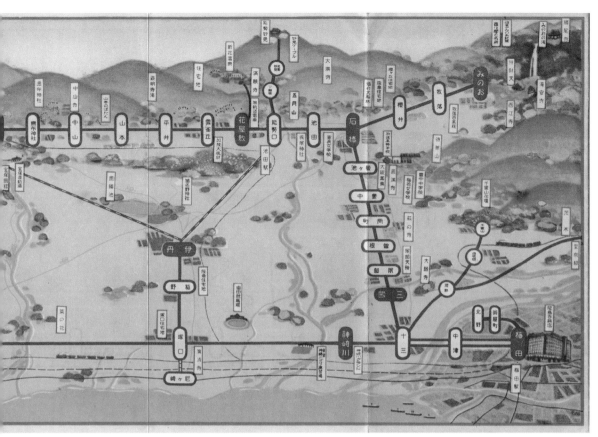

横長に広がるカラフルな阪神急行電鉄の沿線案内図で、観光地とともに沿線で開発されていた住宅地や学校なども加えられている。珍しいのは、花屋敷（現・雲雀丘花屋敷）駅から新花温泉方面へ延びていた無軌道電車（トロリーバス）。日本初となった日本無軌道電車は1928（昭和3）年8月に開業し、1932（昭和7）年1月に休止、4月に廃止された。

京阪の子会社だった新京阪電車の沿線案内図で、現在の阪急京都線、嵐山線、千里線が描かれている。この当時の京都側の起終点駅は四条大宮（現・大宮）駅で、四条河原町駅までの未開通区間は点線となっている。現在は特急停車駅となっている桂、長岡天神駅付近には、集落（家屋）はほとんど見えず、住宅地の開発前だったことがわかる。

阪急電鉄の絵葉書
（所蔵・文：生田誠）

箕面有馬電気軌道（現・阪急）の梅田（現・大阪梅田）駅は、1910（明治43）年に開業している。このときは、現在の阪急百貨店うめだ本店付近に置かれていた地上駅で、それほど規模も大きくはなかった。駅の屋根には「箕面公園」「宝塚温泉」の看板が見え、大阪市電の姿もある。

阪急の梅田駅ビルは、1929（昭和4）年4月に新しい地上8階、地下2階のビルに生まれ変わった。このビルには阪急百貨店本店が入居し、巨大な駅のターミナルビルとして、梅田の街のランドマークとなった。ビルの壁面には「神戸ユキ急行電車のりば」の文字が見える。

阪急の梅田（現・大阪梅田）駅は、大正から昭和にかけて、大きな変貌を遂げることとなる。これは国鉄線の高架化に伴う大工事で、いったんは高架駅となり、再び地上駅に戻った（現在は高架駅）。ホームも拡張を続けて、1936（昭和11）年には7面8線の巨大駅になった。

カンカン帽を被った夏姿の男性が目立つ、梅田（現・大阪梅田）駅の改札口付近の風景である。駅員の横、中央手前には、法被姿の新聞売りの姿もある。ドーム型の天井や壁には、豪華な装飾タイルが施されており、商都・大阪の玄関口にふさわしい華麗な駅構内だった。

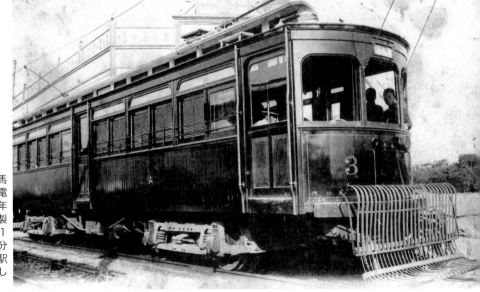

石橋駅に停車している箕面有馬電気軌道（現・阪急）の１形電車（３号）で、1910（明治43）年３月に川崎造船所兵庫工場で製造、投入された18両のうちの１両である。宝塚線・箕面線が分岐する石橋（現・石橋阪大前）駅は、現・阪急の開業時に誕生した駅のひとつである。

阪急の宝塚駅が誕生したのは、箕面有馬電気軌道時代の1910（明治43）年３月で、その13年前（1897年）には阪鶴鉄道（現・JR福知山線）が同名の宝塚駅を開業していた。その後、1921（大正10）年９月には西宝（現・今津）線が開通して、宝塚線との接続駅となった。

阪急今津線の武庫川橋梁は、宝塚大劇場のすぐ目の前、宝塚大橋と並ぶように架けられている。この区間の現・今津線が開通したのは、1921（大正10）年9月で、当時は西宝線と呼ばれていた。この橋の北側には宝塚駅、南側には宝塚南口駅が置かれている。

宝塚駅は現在、宝塚大劇場や宝塚市立手塚治虫記念館などの観光名所の玄関口の役割を果たしているが、開業当初は小林一三がつくった宝塚新温泉の最寄り駅の役割が大きかった。宝塚新温泉は、武庫川対岸の宝塚温泉に対抗して開かれたもので、戦後には宝塚ファミリーランドとなった。

阪急の新路線として神戸線が開業したのは1920（大正9）年7月。このときの神戸側の起終点駅は神戸駅で、後には上筒井駅となった駅であった。その後、1936（昭和11）年4月に西灘（現・王子公園）〜神戸（現・神戸三宮）間の新路線が開通し、高架駅の神戸（現・神戸三宮）駅が開業した。

阪急神戸線の新しい起終点駅として、神戸（現・神戸三宮）駅が開業したのは1936（昭和11）年4月のことである。新しい駅ビルとなったのは、建築家の阿部美樹志の設計による神戸阪急ビル東館（阪急会館）で、地上5階、地下1階建ての商業施設が完成した。

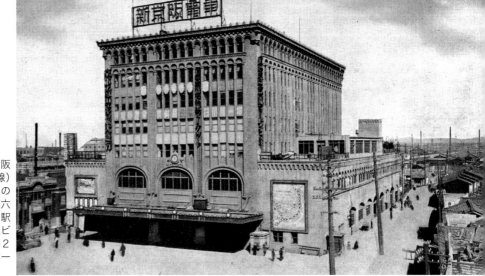

1925（大正14）年10月、新京阪鉄道（現・阪急京都線、千里線）が大阪側の起終点駅としたのが、この天神橋（現・天神橋筋六丁目）駅である。この当時の駅舎は、地上7階建ての新京阪ビルディングで、ホームはビル2階にあり、3・4階は新京阪マーケットになっていた。

京都市内の四条通り西側を走っていたトロリーバスの背景に、新京阪線時代の京阪京都（現・大宮）駅の地上駅舎が見える。トロリーバスの後ろにのぞく市電は、祇園石段下方面へ続いていた。新京阪線はこの四条大宮において、京福電気鉄道嵐山線（嵐電）とも連絡していた。

宝塚本線

梅田駅に掲げられた運賃表。写真では見にくいが、京都線の終点が京都駅（現在の大宮駅）、千里山線の終点が千里山駅であること、吹田駅と関大前駅がまだ統合されていないことなどが分かる。沿線の名所が描かれているが、梅田駅の右下は阪急百貨店、天神橋駅の右下は駅ビルだろうか。◎梅田　1959（昭和34）年1月3日　撮影：J.WALLY HIGGINS（NRA）

雲雀丘駅と統合される前の花屋敷駅に到着した1200系の４両編成。デザインを一新し、鳴り物入りでデビューした1000系シリーズだったが、外観は在来車と同様に狭幅の窓が並び、室内もゴールデンオリーブの座席と木目調の壁で、新車と認識する乗客は少数派。車内に「この車両は今年の新車です」という旨のポスターが掲示されたという逸話も残っている。
◎花屋敷　1957（昭和32）年４月　撮影：野口昭雄

神戸線の直流1500Ｖ昇圧に対応するため、3100系と同様の複電圧車として製造された3000系。同系から、制御電動車を形式名と同一の数字（この場合は3000形）とし、付随車はプラス50、中間車はさらにプラス500という付番方法が確立し、しばらく標準となった。ホームに立つ旧スタイルの駅名標も懐かしい。
◎中津　1970（昭和45）年５月１日
撮影：J.WALLY HIGGINS（NRA）

十三駅に停車中の3100系と7000系。3100系の種別・行先表示にはまだ英文字表記がなく、急行表示の配色も現在と異なる。この頃の急行は蛍池駅を通過しており、また平日朝ラッシュ時は豊中駅を通過するものもあった。もともと非冷房だった3000系と、当初から冷房車だった7000系では屋根の深さが異なる。◎十三　1988（昭和63）年8月27日　撮影：森嶋孝司（RGG）

デビュー翌年に撮影された8000系のトップナンバー。阪急では京都線系統の一部を除き、伝統的に車両番号が0から始まる。第1編成から第5編成までは前面窓下に飾り帯があったが、後に撤去された。この8000Fは2019年にデビュー30周年を記念して飾り帯や側面のHマーク、旧社章などが再現された。◎石橋　1989（平成元）年3月12日　撮影：森嶋孝司（RGG）

梅田行きの上り急行列車が能勢口駅に停車する。写真手前の310形はもともと700形と称する付随制御車で、51形の中間車として使用された後、1933（昭和8）年から1940（昭和15）年にかけて電動車化。さらに後年、一部は再び付随車となったが、写真の318号車は廃車まで電動車のまま増結用に使われた。奥の3両は、付随車化された310形（あるいは300形）を挟んだ500形。◎能勢口　1956（昭和31）年10月　撮影：J.WALLY HIGGINS（NRA）

売布神社駅に停車中の梅田行き急行。5100系は阪急初の量産冷房車両で、試作的要素が強かった5200系をベースに製造された。車体は5200系より屋根中央の高さが50mm低い一方、両肩部は55mm上がった"いかり肩"で、冷房ダクトの断面積を確保している。◎売布神社　1976（昭和51）年7月15日　撮影：荒川好夫（RGG）

梅田行きの急行列車を後追いで撮影。この付近は住宅開発が進み、右側に写る雑木林は宅地へと変貌している。その向こうには国鉄福知山線が走っているが、当時はまだ非電化で列車本数も少なく、大阪〜宝塚間の鉄道輸送は阪急の独壇場と言ってよい状態だった。◎清荒神〜売布神社　1976（昭和51）年7月15日　撮影：荒川好夫（RGG）

3000系と3100系は、直流600V電化だった神戸線と宝塚線の直流1500V化をにらみ、切り替えスイッチで昇圧に即応できる車両として開発された。3100系は宝塚線用として40両が新製され、写真の3103号車はその第一陣として1964（昭和39）年に営業を開始。晩年は今津北線で余生を送った。◎清荒神〜宝塚　1976（昭和51）年7月15日　撮影：荒川好夫（RGG）

1200系は、1010系や1100系と同一
の車体に旧型車の台車や主電動機を組
み合わせる形で製造された。機器を流
用した関係で、1010系や1100系より
竣工日がわずかに早い。もともと宝塚
線用として製造され、晩年は様々な台
車が転用されたことでも知られる。
◎清荒神〜売布神社
1976（昭和51）年7月15日
撮影：荒川好夫（RGG）

急行用の丸い運行標識板を掲げた
5100系。後ろには中国自動車道の高
架橋が見える。写真の5136 F 号車は
2014年に阪神車両メンテナンスで改
造され、能勢電鉄に移籍したが、その
際に自力で阪神線内を走行。鉄道ファ
ンのみならず一般利用者やマスコミの
間でも話題となった。
◎清荒神〜売布神社
1976（昭和51）年7月15日
撮影：荒川好夫（RGG）

箕面線

阪急のルーツとなる路線の一つ、箕面線を行く810系。写真の812号車はこの数年後に更新改造が行われ、前照灯が埋め込み
式の2灯シールドビームとなるなど顔つきが変化した。ちなみに、神宝線の車両は伝統的に窓枠が木の感じを残した黄褐色、
京都線の車両はマルーン塗装となっていたが、1000系グループでは神宝線仕様に統一された。
◎箕面〜牧落　1975（昭和50）年11月　撮影：野口昭雄

箕面駅を出発した5100系トップナンバーを含む8両編成の臨時準急列車。阪急では行楽シーズンに各地への臨時列車を運転していた。有名なのは梅田～嵐山間の通称「梅嵐急行」だが、昭和末期までは紅葉シーズンに梅田～箕面間でも臨時準急を運転。下半分に紅葉をあしらい「みのお⇔梅田」と書かれた専用の運行標識板が特徴だった。
◎箕面～牧落　1975（昭和50）年11月　撮影：野口昭雄

能勢電気軌道

川西能勢口駅に向け、阪急宝塚線をくぐろうとする能勢電気軌道（現在の能勢電鉄）51号車。50形は製造当初ポール集電だったが、後にビューゲルに換装され、前照灯の下にあった小さな行先表示幕も撤去された。宝塚線の線路はほぼ同位置で高架橋に作り直されており、能勢電軌の線路跡も道路として残っていて、往時を偲ぶことができる。
◎川西国鉄前〜川西能勢口　1977（昭和52）年5月29日　撮影：西川和夫（NRA）

朝ラッシュの運用を終えた能勢電軌51号車が川西能勢口駅で休む。張り上げ屋根に前面3枚窓という顔立ちは、どことなく京福電気鉄道モボ301形を思わせる。独特のカラーリングも特徴で、ほぼ同一仕様の60形と共にファンの人気を集めたが、1981（昭和56）年の川西能勢口〜川西国鉄前間廃止によって職を失い、廃車された。
◎川西能勢口　1976（昭和51）年4月18日　撮影：西川和夫（NRA）

神戸本線

神戸線用として1949（昭和24）年に登場した700系は、前年にデビューした全く異なる仕様の京都線用700系と区別するため、1950年に800系へと変更された。920系の後期車とほぼ同じ仕様だったが、写真の856号車を含む4両は前面が非貫通へと変更。後年は中間にそれぞれ920系2両を挟み、4両固定編成として使われた。
◎中津　1959（昭和34）年7月3日　撮影：J.WALLY HIGGINS（NRA）

もともと宝塚線用だった1200系だったが、後に神戸線系統にも進出。神戸線を走った記録はほとんど残っていないが、この写真では後ろに3扉化された1010系を連結し、本線を走っている。本線の右側に見える複線の架線柱は、1963（昭和38）年ごろに猪名川橋梁が架け替えられた後、留置線に転用された旧線部分である。
◎神崎川〜園田
1970（昭和45）年5月8日
撮影：J.WALLY HIGGINS（NRA）

十三駅で並んだ6000系と7000系。7000系は6000系をベースに制御装置を回生ブレーキ付き界磁チョッパ方式とした省エネ車両で、当時まだ開発途上だったVVVF制御が成熟するまでの"つなぎ"役とされたが、結果的には210両が製造され、阪急最大のグループとなった。◎十三　1988（昭和63）年9月6日　撮影：森嶋孝司（RGG）

「人工頭脳電車」と呼ばれた2000系は、昇圧対応改造や冷房化改造が行われた一方、種別・行先表示幕の設置や前面ヘッドライトの移設などは行われず、晩年までオリジナルに近い姿を保った。写真の2058Fは撮影後ほどなく廃車されている。
◎塚口～園田　1989（平成元）年2月23日　撮影：森嶋孝司（RGG）

5000系は、昇圧が完了した神戸線に初めて投入された車両で、地下を走る神戸高速鉄道線への乗り入れを考慮し、同じく地下線に乗り入れる京都線の3300系を参考に設計された。非冷房で製造された阪急最後の系列でもある。もっとも、デビューから7年後の1974（昭和49）年には冷房化改造が完了した。
◎塚口～園田
1992（平成4）年9月12日
撮影：森嶋孝司（RGG）

8000系のうちこの8002Ｆから8007Ｆまでは、8両編成のうち下り方の2両に転換クロスシートを装備。神宝線では久々の
クロスシート車両だったが、神戸線での乗客の反応はいまいちだったと言われており、その後現在に至るまでクロスシート車
両は導入されていない。◎塚口〜園田　1992（平成4）年9月12日　撮影：森嶋孝司（RGG）

武庫川を渡り、西宮市から尼崎市へと入る3000系の特急列車。武庫川橋梁は2004年に架け替えられ、ガーダー橋からPC橋となった。なお、3000系のうち3077Fは阪急最後、かつ日本の大手私鉄で最後まで行先表示に板を用いた車両で、晩年は多くのファンから注目された。◎西宮北口〜武庫之荘　1980（昭和55）年9月　撮影：森嶋孝司（RGG）

「ダイヤモンドクロス」と呼ばれた西宮北口駅の平面交差部分を記録した一枚。パンタグラフの擦り板がひっかからないよう、この部分は剛体架線で高さも厳密に管理されていた。架線を支える鉄塔がものものしい。右手前の花壇は地下通路の明り取り部分。◎西宮北口　1980（昭和55）年9月21日　撮影：森嶋孝司（RGG）

神戸線の列車が入駅している
その先で、今津線の列車がダイ
ヤモンドクロスを通過中。
大手私鉄の本線にダイヤモン
ドクロスがあるというのは、
全国的にも稀な例だったが、
神戸線の10両編成化に伴っ
て西宮北口駅の大幅な改良工
事が必要となり、1984 (昭和
59) 年に姿を消した。
◎西宮北口
1972 (昭和47) 年 2 月25日
撮影：西川和夫 (NRA)

神戸高速鉄道の開通に伴い、阪急は1968（昭和43）年に山陽電鉄との相互直通運転を開始。山陽電鉄の列車は六甲駅まで乗り入れるようになった。これに合わせて、六甲駅は2面4線構造から間に通過線を挟んだ相対式の2面4線構造に改められた。写真の山陽3000系は2両目に2000系から編入された3550形を連結。◎六甲　1973（昭和48）年12月11日　荒川好夫（RGG）

1000系の実績を踏まえて製造されたのが、神戸線用の1010系と宝塚線用の1100系、京都線用の1300系である。路線特性に応じて歯車比が変更されたほか、台車の構造などにも差異が見られる。製造途中で2扉から3扉となり、既存車も後に改造。前照灯は後年に元のケースを生かした2灯シールドビームへと改造された。
◎六甲　1973（昭和48）年12月11日
撮影：荒川好夫（RGG）

朝ラッシュ時の混雑が激しかった神戸線の切り札として製造された8200系は、阪急唯一の座席収納車両。混雑時は"立席専用車"となり、抜群の収容力を発揮した。立ち客に考慮して客窓の高さが引き上げられ、客扉も1500mm幅に拡大。側面には阪急初のLED式種別・行先表示器を備える。◎岡本　1996（平成8）年4月30日　撮影：松本正敏（RGG）

国鉄三ノ宮駅の上りホームから、阪急の神戸駅に到着する普通列車を眺める。5両編成のうち、最後尾の904号車を除く4両は片運転台の920系。904号車は更新工事が施工された後で、窓上の尾灯が埋め込み式となり、幌枠が追加されている。900形に始まるこの車体デザインは、その後しばらく踏襲されて一大勢力となった。
◎神戸　1964（昭和39）年12月20日　撮影：J.WALLY HIGGINS（NRA）

須磨浦公園駅に向けて山陽電鉄本線を走る3000系の特急列車。行楽シーズンには臨時列車も運転された。3000系は当初制御電動車の3000形と中間電動車の3500形の双方がパンタグラフを1基搭載していたが、昇圧後の冷房化改造時に両形式がユニット化され、3000形のものが3500形に移設された。
◎電鉄須磨～須磨浦公園　1970（昭和45）年4月29日　撮影：J.WALLY HIGGINS（NRA）

山陽電鉄須磨浦公園駅で発車を待つ6000系の梅田行き特急列車。山陽線内は6両編成が限界であり、神戸線で8両編成が標準となった後は直通列車の阪急線内での輸送力に課題が生じた。このため三宮駅で増解結を行ったり、直通する列車を普通列車に変更したりといった調整が繰り返された。◎須磨浦公園　1978（昭和53）年4月22日　撮影：荒川好夫（RGG）

須磨浦公園駅西側の折り返し線で待機する、5100系による特急列車。運行標識板は普通列車が角形、優等列車が円形で、文字の配色で種別や行き先が分かるようになっていた。中央が赤地に白文字であれば特急（急行は白地に赤文字）、両側の地色が水色であれば山陽電車への直通列車である。◎須磨浦公園　1973（昭和48）年12月11日　撮影：荒川好夫（RGG）

伊丹線

晩年の810系は、クロスシートを装備していた初期車もロングシートに交換の上で3扉化され、さらに前照灯がシールドビーム2灯に変更されて支線で余生を送った。写真は塚口駅伊丹線ホームに停車中のトップナンバー。撮影から40年以上が経つが、この雰囲気は今も変わらない。◎塚口　1980（昭和55）年9月22日　撮影：森嶋孝司（RGG）

今津線

宝塚駅を出発した今津線の上り列車。
500形の中間に300形（あるいは310
形）を挟んだ３両編成である。500形
は380形の片運転台版で、背中合わせ
の２両編成が基本とされたものの、各
車両の重量を平均化するため付随車は
作られず、全車にモーターを２基装備
した。現在、この付近は高架化され、
左手前には宝塚大劇場が立っている。
◎宝塚〜宝塚南口
1961（昭和36）年４月10日
撮影：J.WALLY HIGGINS（NRA）

阪神淡路大震災では阪急も神戸線系統を中心に甚大な被害を受けた。今津線は宝塚南口駅付近で列車が脱線。西宮北口〜甲東園駅間ではオーバークロスする新幹線や国道の高架橋が崩落するなどしたが、約20日間で全線復旧にこぎつけた。写真は仁川〜宝塚間で折返し運用に就く7000系。
◎逆瀬川〜小林
1995（平成7）年2月2日
撮影：岩堀春夫（RGG）

甲陽線

610系は宝塚線の輸送力増強を図るため、小型木造車の51形を改造する名目で誕生した。810系を短くしたスタイルの15m級
車体を新造し、機器類は380形や500形のものを51形のそれと交換して捻出。中間車10両を含む36両が製造された。甲陽園
駅は現在1面1線構造で、列車が止まっているこの線路は撤去された。
◎甲陽園　1972（昭和47）年2月25日　撮影：西川和夫（NRA）

前照灯が2灯シールドビーム化された晩年の800系。同系は18メートル級と少し短いこともあって最後まで2扉のまま残り、製造時の外観を比較的よく保っていた。運転台の拡張改造も行なわれ、これが功を奏して900形や920系との混結編成で先頭に立つことも多かった。◎苦楽園口～甲陽園　1980（昭和55）年9月21日　撮影：森嶋孝司（RGG）

京都本線

梅田駅1号線に入線する2800系の特急列車。阪急では1300系に次ぐクロスシート車両となった同系は、京都線の看板車両としてライバルの京阪電鉄1900系と互角に渡り合った。写真は冷房化改造が行われる前の姿で、特急であることを誇示するかのような2枚看板が懐かしい。◎十三～梅田　1975（昭和50）年　撮影：河野 豊（RGG）

阪急初の地下鉄乗り入れ用車両である3300系は、1982（昭和57）年からの冷房化改造に合わせて顔のデザインを2200系でお目見えしたスタイルに変更。ただし、もともと屋根の高さが冷房の風道を考慮していないため、"なで肩"な印象を受ける。ちなみに、阪急の冷房化率は3300系の工事完了をもって100％となった。
◎梅田〜十三　1988（昭和63）年8月27日　撮影：森嶋孝司（RGG）

十三駅に入駅する6300系。既にデビューから13年が経過していたが、京都線のエースとしての風格はまだまだ衰えていなかった。後ろに写る5300系は3300系に続く地下鉄堺筋線乗り入れ用車両。3300系と同様、行先幕は地下鉄乗り入れ運用でのみ使用し、阪急線内運用では行先板を掲出していた。◎十三　1988（昭和63）年9月6日　撮影：森嶋孝司（RGG）

中津駅の宝塚線ホームから撮影した2800系の下り特急列車。シルバーに輝く2連窓が、特急車両としての特別感を演出する。一方で両開き扉の採用には賛否両論があったものの、車端部のロングシートと合わせて混雑時のスムーズな乗降に貢献。梅田〜十三間は1959（昭和34）年に2線が増設されて三複線となったが、スペースの関係もあり中津駅のホームは設置されなかった。◎十三〜梅田　1970（昭和45）年5月1日　撮影：J.WALLY HIGGINS（NRA）

阪急では珍しく、渡り板を上げた姿の2300系が南方駅を通過する。写真は2800系の製造が完了する前の撮影だが、その後も運用の都合で一部の特急列車は一般車が充当された。同系からは回生ブレーキを装備した関係で、離線対策としてパンタグラフは2基装備に。いわゆる"前パン"の迫力ある姿が人気を集めた。
◎南方　1964（昭和39）年12月20日　撮影：J.WALLY HIGGINS（NRA）

崇禅寺駅を越え、梅田に向かってラストスパートをかける6300系の特急列車。1997（平成9）年まで、京都線の特急は京阪間をノンストップで走っており、大宮駅を出ると十三駅まで停まらなかった。現在進められている淡路駅付近の高架化事業では、ちょうどこの付近が地上との取付け部になる。
◎崇禅寺～南方　1978（昭和53）年頃
撮影：河野 豊（RGG）

淡路駅で顔を合わせた阪急710系と大阪市営地下鉄60系。1969（昭和44）年に大阪市営地下鉄堺筋線が開業すると、60系が京都線高槻市駅と千里線北千里駅まで乗り入れるようになった。写真の60系は製造当初のスタイルで、下部のアルマイト板が紅色で行先板差しがあり、側面の帯もまだない。
◎淡路　1972（昭和47）年2月25日
撮影：西川和夫（NRA）

製造当初は前面窓下が紅色だった大阪市営地下鉄60系だが、後にラインカラーである茶色に変更され、側面にも帯が巻かれた。写真の6009号車は撮影翌年に6309号車と共に中間車化され、6001編成に組み込まれて8両編成を組成。その後に冷房化も行なわれ、2003年まで活躍した。
◎相川〜上新庄
1992（平成4）年9月12日
撮影：森嶋孝司（RGG）

上新庄駅に入駅する2300系。同系は神宝線にも入線できるよう車体幅が京都線の標準寸法より狭くされたため、客扉部分にステップが後付けされた。一部編成は3300系と同様に前面デザインがリニューアルされたが、写真の2303号車は2005年に廃車されるまでこの姿を貫いた。
◎相川〜上新庄　1992（平成4）年9月12日
撮影：森嶋孝司（RGG）

2300系の上り普通列車が高槻市駅を発車。もともと京都線系統は天神橋〜淡路〜京都（現在の大宮駅）間が新京阪鉄道と京阪、十三〜淡路〜千里山間が北大阪電気鉄道の手によって開業。運行系統もこれに沿っていた。高槻市駅は1993（平成5）年に高架化され、付近の様相も一変したが、背後に写る大阪医科大学附属病院の建物は今も残っている。
◎高槻市　1966（昭和41）年12月31日　撮影：J.WALLY HIGGINS（NRA）

東海道新幹線との並走区間を行く6300系。
この区間は新幹線の建設時に阪急の線路も一
体的に高架化することとなり、工事期間中は
新幹線の線路を阪急の列車が走行。スピード
ではとても敵わないが、新幹線0系よりも先
に新幹線の線路を走ったという逸話を持つ。
◎水無瀬～上牧　1981（昭和56）年7月19日
撮影：森嶋孝司（RGG）

対向式ホームの水無瀬駅に進入する710系の下り普通列車。更新工事を受ける前の姿で、ヘッドライトは白熱灯1灯、客扉は片側2カ所となっている。初期車はクロスシートを装備していたが、1952（昭和27）年に製造されたこの716号車以降はロングシートに変更。更新工事ではブレーキ方式の変更や編成中間の運転台撤去なども実施された。詰襟姿の乗務員が凛々しい。
◎水無瀬
1966（昭和41）年12月31日
撮影：J.WALLY HIGGINS（NRA）

2800系の後継車として開発された6300系は、特徴的だった2連窓スタイルを継承。客扉は車端に寄せられたたため、さらにスマートな印象となった。上部にアイボリーの帯を巻いたデザインは、8000系・8300系がデビューするまでは唯一の存在で、そんな点からも6300系の"別格さ"が感じられた。◎長岡天神～大山崎　1980（昭和55）年3月　大道政之（RGG）

大山崎〜長岡天神間では国鉄東海道本線とクロス。ちょうど両社の車両がフレームに収まった。普通列車用の国鉄201系が冷房車なのに対し、阪急の3300系は撮影同年から冷房化改造が始まった状態で、写真の編成はまだ未施工。モニター屋根のすっきりした姿が印象的だ。◎長岡天神〜大山崎　1982（昭和57）年11月2日　森嶋孝司（RGG）

「P-6」こと100系の急行列車が桂川橋梁に差し掛かる。100系は日本で初めて本格的な高速長距離運行に備えた電車で、大型の車体に時速120km運転が可能な大出力のモーターを装備。自動空気弁や戸閉保安装置など、最先端の技術がふんだんに使われ、日本の電車史に名を残す存在となった。
◎西京極〜桂
1958（昭和33）年11月15日
撮影：J.WALLY HIGGINS（NRA）

6300系は1975（昭和50）年から28年間にわたり、京都線のエースとして、また阪急唯一の特急用車両として活躍。だが後継である9300系の増備に伴い、2008年に写真の6356編成から廃車が進行。一部は４連化され、嵐山線に転属した。さらに、6354編成は2011年に「京とれいん」へと生まれ変わっている。◎長岡天神〜大山崎　1980（昭和55）年３月　大道政之（RGG）

鳴り物入りで登場した2800系だったが、デビューから11年後の1975（昭和50）年に6300系が登場したことで、特急運用から徐々に離脱。3扉化とロングシート化が行われ、一般運用へとシフトした。車体中央の2連窓部分を両開き扉とし、すぐ横の窓は戸袋窓化。両開き扉で戸袋窓を有する阪急車両は、これが唯一である。
◎西京極〜桂　1983（昭和58）年10月25日　撮影：森嶋孝司（RGG）

千里線

大阪市営地下鉄堺筋線との相互直通
運転が始まる前、高架駅時代の天神
橋駅に入駅する普通列車。夏らしく
全開の窓に日除けヨロイ戸の色が目
立つ。先頭の30号車は10形トップ
ナンバーの10号車が1929（昭和4）
年の形式称号制定に合わせて改番さ
れたもの。廃車後に原形へと復元さ
れ、今も正雀工場で大切に保存され
ている。
◎天神橋
1959（昭和34）年7月3日
撮影：J.WALLY HIGGINS（NRA）

神宝線用の1200系と同様、1000系シリーズの車体とＰ-６の付随車化で余剰となった機器類を組みわせたのが、京都線用の
1600系である。製造時は２両編成×６本だったが、３扉化改造された際に一部車両の運転台機器を撤去して４両編成に変更。
さらに晩年は千里線用の７両編成と嵐山線の４両編成に組み替えられ、余った1601号車はVVVFインバータ制御の試験車両に
改造された。◎天神橋　1959（昭和34）年７月３日　撮影：J.WALLY HIGGINS（NRA）

阪急は1954（昭和29）年まで貨物輸送
を行っていたが、この廃止後に余剰と
なった電動貨車の機器を再利用し、新
製車体と組み合わせたのが210系。３
両編成１本のみが製造された。宝塚線
用610系のうち前面が非貫通の第１編
成に似ているが、窓ガラスがHゴム支
持となるなどより近代的に。嵐山線を
最後に引退し、広島電鉄に譲渡された。
◎花壇町〜豊津
1958（昭和33）年12月26日
撮影：J.WALLY HIGGINS（NRA）

地下鉄堺筋線から直通してきた高槻市行きの3300系普通列車。3300系は地下鉄車両に合わせて阪急で初めて行先幕を装備したが、その使用は堺筋線との直通運用時に限られた。後年、2200系などと同様の前面デザインに改造された際は、従前の行先幕とその横にあった尾灯が撤去され、大型の行先幕に交換されている。
◎柴島〜淡路　1979（昭和54）年9月7日　撮影：森嶋孝司（RGG）

開幕前の万博会場をバックに快走するP-6形7両編成の梅田行き普通列車。ドア横の白いステッカーには万博のロゴマークと「EXPO70」の文字が記されていた。写真右の青い歩道橋は、北千里〜南千里間（当時まだ山田駅は開業していない）に開設された臨時駅、万国博西口駅に直結していた。◎北千里〜南千里　1970（昭和45）年2月20日　撮影：矢崎康雄

1970（昭和45）年に開催された万国博覧会では、阪急も交通アクセスの一翼を担った。３年前に延伸開業した南千里〜北千里間に臨時駅「万国博西口駅」を開設。梅田からはもちろん、神戸線や宝塚線からも直通列車が運行された。写真の1100系は京都線の車両不足に対応するため貸し出された編成で、臨時準急などで活躍した。
◎南千里　1970（昭和45）年５月１日　撮影：J.WALLY HIGGINS（NRA）

北千里駅で並ぶ大阪市営地下鉄の2形式。右の66系はまず1990（平成2）年から1994年にかけて12編成が製造され、60系の非冷房車を置き換えた。続いて2002年から翌年にかけて5編成が追加製造され、これによって60系は全廃となった。北千里駅は阪急の駅でありながら、このように地下鉄車が並ぶことも多い。◎1991（平成3）年1月26日　撮影：森嶋孝司（RGG）

嵐山線

10形の３両編成が嵐山線を行く。同形はもともと新京阪鉄道が千里山線用として製造したもので、1925（大正14）年の登場時は直流600Ｖ仕様だった。1928（昭和３）年に昇圧され、数年後から貫通化改造なども行なわれたが、基本的に京都本線で使用されることはなく千里山線と嵐山線で終生を過ごした。嵐山線は戦時中に単線となったものの、架線柱は複線のまま残された。◎嵐山線（撮影地不詳）　1961（昭和36）年４月13日　撮影：J.WALLY HIGGINS（NRA）

京阪神急行電鉄当時の時刻表

31.8.1訂補　京 都―大 阪―神 戸―宝 塚　（連）　（京阪神急行電鉄）

線名	初 電	終 電	粁程	運賃	駅 名	初 電	終 電		特 急
京都線	5 11　5 31	23 19　24 00	0.0	円	発 梅 田国 着	5 08　6 11	0 13　0 13		梅田発 930―1630
	5 16　5 37	23 25　0 06	2.7	10	ク 十 三 発	5 03　6 02	0 08　0 08		京都発 848―1618
	5 47　5 47	23 37　0 15	6.9	20	ク 淡 路 発	4 55　5 55	24 00　24 00		30分毎
	5 48　6 08	0 02　0 35	23.2	50	ク 高 槻 市 ク	正 46　5 30	23 34　…		
	6 09　6 29	0 23	40.6	80	ク 桂 ク	雀 49　5 09	23 09　…		急 行
	6 17　6 37	0 31	46.0	90	着 京 都 発	5 00　5 00	23 05　…		梅田発 620―2335
	5 00　5 20	23 30　0 35	0.0	円	発 大 神 橋 路 発	5 57　6 18	0 27　…		京都発 605―2235
	5 07　5 36	23 36　0 41	3.3	10	ク 淡 路 発	5 51　6 12	0 21　…		10―20分毎
	5 28　5 48	0 02	19.6	50	ク 高 槻 市 ク	5 30　5 48	24 00		
	5 49　6 09	0 23	37.0	80	正 雀 着 49 ク	5 09　5 27	23 38　0 43		普 通
	5 57　6 17	0 31	42.4	90	着 京 都 発	5 00　5 20	23 30　0 35		10―20分毎
神戸線	5 00　5 15	23 30　0 10	0.0	円	発 梅 田国 着	5 41　5 55	0 11　…		特 急
	5 05　5 20	23 35　0 15	2.7	10	ク 十 三 発	5 36　5 51	0 06　…		梅田発 630―2200
	5 13　5 28	23 43　0 23	10.5	30	ク 阪急塚口 ク	5 27　5 42	23 57　…		神戸発 635―2200
	5 20　5 35	23 50　0 30	15.9	40	ク 西宮北口 ク	5 20　5 35	23 50　0 25		10―15分毎
	5 23　5 38	23 53	18.6	40	ク 芦 屋 川 ク	5 17　5 32	23 47　0 21		
	5 26　5 41	23 56	21.2	40	ク 御 影 ク	5 14　5 29	23 44　0 19		普 通
	5 32　5 47	0 02	25.9	60	ク 阪急神戸 ク	5 08　5 23	23 38　0 13		10―12分毎
	5 41　6 00	0 11	32.5	70	着 阪急神戸 発	5 00　5 15	23 30　0 05		
宝塚線	5 00　5 15	23 30　0 10	0.0	円	発 梅 田国 発	5 45　6 00	0 15　…		急 行
	5 05　5 20	23 35　0 15	2.7	10	ク 十 三 発	5 39　5 54	0 09　池田 0 25		梅田発 635―2200
	5 20　5 35	23 50　0 30	10.9	30	ク 豊 中 ク	5 24　5 39	23 54　着		宝塚発 635―2210
	5 25　5 35	23 55　0 25	13.8	40	ク 石 橋 ク	5 19　5 34	23 49　0 23		10―15分毎
	5 31　5 46	0 01	17.3	40	ク 能 勢 口 発 池田	5 13　5 28	23 43　0 15		普 通
	5 45　6 00	0 15	24.8	60	着 宝 塚 発	5 00　5 15	23 30　0 10		15分毎

	初電　終電	粁	運賃	駅 名	初電　終電	初電　終電	粁	運賃	駅 名	初電　終電	6―12
支線	5 00　23 16	0.0	円	発 桂 着	5 17　23 33	4 52　0 05	0.0	円	発阪急塚口着	5 06　0 19	
	5 07　23 23	4.1	10	着 嵐 山 発	5 10　23 26	4 58　0 11	2.9	10	着伊 丹発	5 00　0 13	
	5 10　23 40	0.0	円	発天神橋着	5 20　0 27	5 00　23 45	0.0	円	発今 津着	5 27　23 57	6―15分毎
	5 17　23 46	3.3	10	ク 淡 路 発	5 13　0 20	5 04　23 49	1.9	10	ク 西宮北口発	5 15　23 49	
	5 31　0 01	8.4	20	着 千 里 山 発	5 00　0 05	5 10　0 01	9.6	30	着阪急宝塚発	5 00　23 33	
	4 53　23 55	0.0	円	発 夙 川 着	5 05　0 07	4 50　23 58	0.0	円	発石 橋着	5 07　0 15	
	4 58　24 00	2.2	10	着 甲 陽 園 発	5 00　0 02	4 57　0 05	4.0	10	着箕 面発	5 00　0 08	

39.2.7現在　京 都―大 阪―神 戸―宝 塚　電 連　（京阪神急行電鉄）

線名	特 急 初電　終電	急 行 初電　終電	普 通 初電　終電	キロ数	運賃	駅 名	特 急 初電　終電	急 行 初電　終電	普 通 初電　終電	特急 15―30分毎
京都線	800　2230	610　2340	500　520　2310　2330	0.0	円	発 阪急梅田国着	756　2312	651　2330	607　627　2352　013	
	↓	621　2350	512　532　2324　2344	6.9	30	ク 淡 路 発	↓	641　2319	554　614　2339　000	急行
	822	635　005	533　553　2324　2400	23.2	60	ク 高 槻 市 ク	732	625　2304	525　533　2318　2359	10―15分毎
	↓	650　018	555　615　010　030	40.6	110	ク 桂 ク	↓	610　2250	511　531　2256　2318	
	844　2312	701　029	607　627　022　042	47.9	130	着 河 原 町 発	710　2230	600　2240	500　520　2245　2305	
	…	…	506　526　2318　2338	0.0	円	発 天 神 橋 着	…	600　620　006　031		普通 10―20分毎
	…	…	512　532　2324　2344	3.3	15	ク 淡 路 発	…	554　614　2400　025		
	…	…	533　553　2324　2400	19.6	60	ク 高 槻 市 ク	…	533　553　2339　010		
	…	…	555　615　010　030	37.0	110	ク 桂 ク	…	511　531　2318　2348		
	…	…	607　627　022　042	44.3	130	着 河 原 町 発	…	500　520　2305　2330		
神戸線	630　2200	500　515　2330　010	0.0	円	発 阪急梅田国着	653　2228	540　555　012	…	特急 10―13分毎
	↓	513　528　2344　023	6.9	40	ク 阪急塚口 ク	↓	527　542　2358		
	644　2214	519　534　2350　030	15.9	60	ク 西宮北口 ク	639　2214	522　536　2351　031		普通 10―13分毎
	↓	525　540　2357	21.2	60	ク 芦 屋 川 ク	↓	515　530　2345　025		
	↓	531　546　003	25.9	70	ク 阪急御影国 ク	↓	509　524　2339　019		
	658　2228	540　556　012	32.5	90	着 阪急神戸 発	625　2200	500　515　2330　010		
宝塚線	急行 15分毎	640　2200	500　515　2330　010	0.0	円	発 阪急梅田国着	720　2153	542　557　012　池田	
		657　2217	524　539　2358　035	13.8	40	ク 阪急石橋 ク	703　2135	518　533　2348　023	池田
	普通10― 15分毎	703　2223	530　545　003　池田	17.3	50	ク 能 勢 口 発 池田	655　2130	513　528　2342　023	
		717　2237	543　558　015			着 宝 塚 発	640　2130	500　515　2330　010	

	初電　終電	キロ数	運賃	駅 名	初電　終電	初電　終電	キロ数	運賃	駅 名	初電　終電	4―12分毎
支線	5 00　23 25	0.0	円	発 桂 着	5 17　23 42	4 52　0 05	0.0	円	発阪急塚口着	5 06　0 19	
	5 07　23 32	4.1	15	着 嵐 山 発	5 10　23 35	4 58　0 11	2.9	15	着伊 丹発	5 00　0 13	
	5 06　23 44	0.0	円	発天神橋着	5 21　0 31	5 00　23 45	0.0	円	発今 津着	5 27　23 57	6―15分毎
	5 28　0 07	10.0	45	着新千里山発	4 57　0 10	5 20　0 09		40	着阪急宝塚発	5 00　23 33	
	4 53　23 55	0.0	円	発 夙 川 着	5 05　0 07	4 50　23 58	0.0	円	発石 橋着	5 07　0 15	
	5 28　24 00	2.2	15	着 甲 陽 園 発	5 00　0 02	4 57　0 05	4.0	15	着箕 面発	5 00　0 08	

1956年（上）と1964年（下）の時刻表。京都線は特急の運行時間帯が大幅に広げられた一方、終電は繰り上げられたようだ。千里山線の終点が新千里山駅（現・南千里駅）になっているのも分かる。近くに他社の駅がある塚口や御影、神戸などに「阪急」が付くのは分かるが、石橋駅が「阪急石橋」となっているのはなぜなのか、興味深いところである。

2章
モノクロフィルムで記録された
阪急電鉄

旧梅田駅の3号線ホームで発車を待つ610系の宝塚行き急行列車。宝塚線の車両限界拡大工事が完了したことを受けて導入された610系は、15m級車体ながら車体幅が広くなり、輸送力向上に貢献した。導入された先頭車26両中、トップナンバーの電動車610号車と、ペアとなるこの付随車660号車の2両だけが非貫通の前面を持つ。
◎梅田　1959（昭和34）年11月21日　宮地 元（RGG）

宝塚本線

東京オリンピックの翌年（1965年）に撮影された、梅田付近の空撮である。中央やや上に国鉄大阪駅の駅舎があり、上側にホーム、左上には大阪中央郵便局が見える。左手には阪神百貨店があり、右側は阪急百貨店、阪急の梅田駅が建っている。この当時の大阪駅は、1943（昭和18）年に完成した三代目駅舎で、太平洋戦争の戦災の被害を受けたものの、戦後も長く使用されていた。◎1965（昭和40）年　撮影：朝日新聞社

旧梅田駅に停車する500形。2両目におわん型ベンチレーターを持つ300形（または310形）が連結されている。国鉄大阪駅の高架化に伴い、1934（昭和9）年に阪急の線路は地上へ下ろされ、同時にこの3代目梅田駅が開業した。鉄骨造の大きなアーチ屋根は、この2年後に開業した神戸駅（現在の阪急の神戸三宮駅）でも採用されている。
◎梅田　1960（昭和35）年8月　撮影：白井 昭（NRA）

旧梅田駅の４号線ホームに停車中
の550形。阪急は1948（昭和23）
年に車両メーカーのナニワ工機
（後のアルナ工機→アルナ車両）を
設立。この550形を皮切りに、同
社が阪急の車両製造を一手に引き
受けることとなる。戦後の混乱期
に製造された550形は、いわゆる
運輸省規格型車両で、神宝線では
唯一の２段上昇窓とされた。
◎梅田
1959（昭和34）年11月21日
宮地 元（RGG）

旧梅田駅の３号線で発車を待つ920形の急行列車。後方には大きな行灯式の案内標が見え、前ページの写真と共に旧梅田駅の雰囲気がよく分かる。輸送力の増強に合わせて同駅は９面８線にまで拡張されたが、国鉄の高架線がありホームの延長が不可能だったことから、北側へ順次移転。1973（昭和48）年に現在の梅田駅が完成した。
◎梅田　1962（昭和37）年８月　撮影：白井 昭（NRA）

地上駅時代の梅田駅ホームの様子。現在と同じく、各線の両側にホームを設けた頭端式であることがわかる。ただし、乗車ホームと降車ホームが分けられておらず、たとえば3号線の乗車ホームは4号線の降車ホームを兼ねていたようだ。現駅への移転後、このスペースは阪急グランドビルやコンコースとして整備された。
◎梅田　1960（昭和35）年7月　撮影：白井 昭（NRA）

宝塚線の上り普通列車が中津駅を発車
し、終点・梅田駅に向かう。ホームの先
で線路がクランクしているのが分かる。
この付近は狭いスペースに線路を詰め
込む形となったが、これが神宝線と京
都線の車両規格を統一できない遠因と
なった。写真中央から右に向かって5
つ並ぶトラス橋のうち、右から2つ目は
阪神北大阪線のもの。
◎中津　1960（昭和35）年8月
撮影：白井 昭（NRA）

梅田～十三間の三複線を行く宝塚線の
1100系。おそらく夕方の帰宅ラッシュ
時間帯、車内はサラリーマンで満員だ。
1100系は数々の新機軸を盛り込んだ
1000系の量産バージョンで、ベンチ
レーターではなくファンデリアによる
換気方式を採用。屋根肩部分全体にルー
バーが設置された。
◎中津～十三
1960（昭和35）年7月
撮影：白井 昭（NRA）

豊中市は、全国の中核市のなかでJR駅が存在しない数少ない都市のひとつである。街の玄関口となるのがこの豊中駅で、撮影から5年後（1970年）に控えた大阪万博を前に、駅周辺の再開発が進められていた。豊中駅は1913（大正2）年9月に箕面有馬電気軌道の駅として開業。この当時は地上駅だったが、2000（平成12）年11月に高架化が完成し、現在のような島式ホール1面2線をもつ高架駅に変わった。◎1965（昭和40）年10月　撮影：朝日新聞社

宝塚線の池田駅は1910（明治43）年３月、箕面有馬電気軌道の開業時に現・池田市栄町に誕生した歴史の古い駅である。長らく地上駅だったが、この写真が撮影された後の1980年代前半にこの駅を含む区間が高架化され、1986（昭和61）年４月に工事は完了した。このときに池田駅は上側（西）の猪名川寄りに移転し、相対式ホーム２面２線から島式ホーム１面２線の構造に変わっている。◎1975（昭和50）年１月　撮影：朝日新聞社

東西に延びる阪急の宝塚線には、能勢電鉄との連絡駅である川西能勢口駅が置かれている。この時代には阪急、能勢電鉄とも地上駅であり、平成になってから阪急、能勢電鉄の順に高架化されることとなる。ゆるやかにカーブしながら川西市役所方面に延びる能勢電鉄は現在、直線の高架区間に変わっている。半世紀以上前の空撮であり、駅前は再開発されておらず、周辺にもビルの姿はほとんどない。◎1966（昭和41）年12月1日　撮影：朝日新聞社

川西能勢口駅
付近
1966年
（昭和41年）

宝塚線の平井車庫は、1971（昭和46）年に完成し、所属する車両は池田車庫から転籍してきた。置かれている場所は宝塚市平井７丁目で、雲雀丘花屋敷方面から南西に向かって進んだ先、JR福知山線の線路を越えた南側に広がっている。この下（南）側には、最明寺川が流れており、南東で猪名川に合流している。上（北）側を走る道路は、国道176号である。
◎1971（昭和46）年11月　撮影：朝日新聞社

320形は宝塚線用としては1形以来の新造車両。1935（昭和10）年に12両が製造され、同年の急行運転開始とスピードアップに備えた。車体幅は2.4mと狭く、宝塚線に大型車が入線可能となった1952（昭和27）年以降、写真のようにステップを設置。今津線や伊丹線でも活躍した後、全車が能勢電鉄に移籍して1986（昭和61）年まで使われた。
◎能勢口〜花屋敷　1959（昭和34）年7月16日　撮影：小川峯生

能勢口駅に進入する920系5両編成の梅田行き急行列車。上りホームの向こう側には川西国鉄前駅に続く能勢電軌線の架線柱などが見える。920系は900形の片運転台・ロングシート版で、製造時期によってベンチレーターの配列などに差異がみられる。写真の942号車は後年に中間車化された。◎能勢口　1962（昭和37）年8月9日　撮影：矢崎康雄

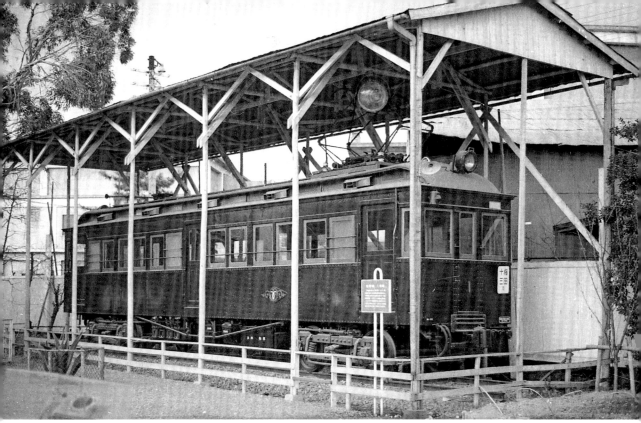

阪急のルーツと言える1形は、1200系の製造に伴う機器ねん出のため、1956(昭和31)年から翌年にかけて2両を残し引退。
このうちトップナンバーの1形は、鋼体化改造された1930年頃の姿に復元され、宝塚ファミリーランドで静態保存された。
2003(平成15)年の閉園後は正雀車庫に移され、現在も庫内で保管されている。
◎宝塚ファミリーランド内　1964(昭和39)年1月12日　撮影：白井 昭(NRA)

1形1号車と同じく、宝塚ファミリーランドで静態保存されていた10形10号車。京都線系統の源流である北大阪電気鉄道の車
両は、1形が引退後に全て他社へ譲渡されたため、この10号車が原形に復元の上で保存された。こちらも現在は正雀車庫内で
保管され、イベント時に一般公開されることもある。左奥の建物は射撃館。
◎宝塚ファミリーランド内　1964(昭和39)年1月12日　撮影：白井 昭(NRA)

箕面線

石橋駅の５号線に普通列車が到着。似たスタイルの他形式と同様、800系も晩年は３扉化や前面のシールドビーム化が行われ、印象が変化。客室内の金属化も進められた。この５号線は行き止まりで、右側ホームの向かい側には宝塚線につながる３号線、さらにその向こうに４号線がある。◎石橋　1970年代後半　撮影：山田虎雄

箕面有馬電気軌道の開業当初から終着駅である箕面駅。当初はラケット状のループ線になっており、手前の降車ホームで客を降ろした後、そのまま前方に進んで乗車ホームで客を乗せ、石橋方面に戻っていった。線路は後に敷き直されたものの、現在も線路やホームがカーブを描いている。◎箕面　1970年代後半　撮影：山田虎雄

能勢電気軌道

川西国鉄前駅に停車中の能勢電気軌道51号車。元をたどれば阪急が伊丹線用として製造した37形39号車で、1949（昭和24）年に能勢電鉄へ移籍して73号車に改番された後、車体更新改造を受けて1953（昭和28）年に現番号となった。同駅は「国鉄前」を名乗るものの、国鉄の川西池田駅は写真右奥の少し離れた場所にあった。
◎川西国鉄前　1973（昭和48）年8月21日　撮影：田中義人（NRA）

神戸本線

園田駅の下り待避線に京都線用710系の2両編成が留置中。710系は神宝線用810系と車体寸法などの仕様が揃えられており、1952（昭和27）年からは京都～宝塚間の通称「京宝特急」として神戸線や今津線にも乗り入れていた。京宝特急は1968（昭和43）年に廃止されたが、40年後に嵐山への観光振興の一つとして臨時列車が復活している。それにしても、手前の台車はなぜここに置かれているのだろうか、まったくもって謎である。
◎園田　1962（昭和37）年8月
撮影：白井 昭（NRA）

28ページで紹介したとおり、800形のうち後期車の4両は阪急では珍しく、製造当初から廃車まで非貫通構造の前面を維持。両側の窓の大きさは従来通りなのに対し、中央窓は幅・高さともに一回り大きく、独特の顔つきだった。園田駅は園田競馬開催時の多客を見込んでか、構内踏切ではなく地下通路が整備されていた。
◎園田　1962（昭和37）年8月
撮影：白井 昭（NRA）

810系は6次に分けて13編成26両が製造された。途中で台車形式や屋根構造、通風機の配列、室内灯の蛍光灯化など、細かい点で改良が加えられている。871号車を先頭とした写真の4両編成は、810系最後の編成として1985年まで活躍。この最後部に連結されている820号車の乗務員室部分は、現在も正雀車庫に保存されている。
◎園田　1962（昭和37）年8月　撮影：白井 昭（NRA）

西宮車庫で休む車両たち。神戸線の開業に合わせて1920（大正9）年に開設された西宮車庫は、後に宝塚線の車両検査も受け持つ一大拠点となる。だが、車両数の増大に伴い隣接する車庫の収容力がひっ迫したことや、車両検査の効率化を図る狙いから、1968（昭和43）年に正雀車庫へと集約された。◎西宮車庫　1962（昭和37）年8月　撮影：白井 昭（NRA）

1950（昭和25）年に登場した神宝線初の19m車・810系は、京都線用の710系と同一の車体を持つ。初期車はクロスシートを装備したが、この814号車以降はロングシートとなった。また、この814号車を含めた4両は、行先板差しが標準より低い位置にあるのが特徴。当初は宝塚線に投入され、後に神戸線へと移った。
◎西宮北口
1967（昭和42）年6月21日
撮影：矢崎康雄

2000系の複電圧仕様車・2021系の特急列車が梅田に向かって出発。写真の2041号車はラストナンバーで、1964（昭和39）年に竣工した。その3年後に神戸線は直流1500V昇圧されたが、複電圧車ゆえの扱いづらさが仇となり、宝塚線所属の車両を除いて1968（昭和43）年から付随車化が進められた。下りホームには電動貨車4207号車の姿も見られる。
◎西宮北口
1967（昭和42）年6月21日
撮影：矢崎康雄

810系は710系と同一車体だが、24ページで紹介したように窓枠の色が両形式で異なるなど、所属線区の"伝統"による違いも見られる。右側の4207号電動貨車は、火災のため廃車された94号車の台枠に1形の電気部品を組み合わせ、207号車として1949（昭和24）年に新製。後に3207号車→4207号車と改番され、昇圧改造も行なわれて1977（昭和52）年まで在籍した。◎西宮北口　1967（昭和42）年6月21日　撮影：矢崎康雄

阪急初の高性能車両として1954（昭和29）年に登場した1000形は、WN継手を用いたカルダン駆動や超多段制御などの最新技術を搭載。車体は丸みを帯びた準張殻構造で、シル・ヘッダーのないすっきりしたデザインは阪急車のイメージを一新した。試験的に4両1編成のみが製造され、この成果が1010系以降に受け継がれた。
◎西宮車庫　1967（昭和42）年8月7日　撮影：矢崎康雄

ダイヤモンドクロスへの不測の進入に備えて設置されていた脱線ポイントが見える。もともと宝塚線用として製造された500形だが、末期は今津線などで主に活躍。昇圧時に全車が引退し、この502号車を含む8両は広島電鉄に、この513号車を含む残り23両は能勢電気軌道に譲渡された。◎西宮北口　1962（昭和37）年8月　撮影：白井 昭（NRA）

1920（大正９）年７月、阪急の神戸線が開通した当時、この西宮北口駅が置かれたのは、西宮市内の中心部から大きく離れた武庫郡瓦木村だった。この１年後（1921年９月）に宝塚方面、1926（大正15）年12月に今津方面と結ばれて、ダイヤモンドクロスが誕生する。交通の便が良くなったことで、住宅地としての価値が高まり、現在のような繁栄を迎えた。これは駅に近い県営西宮北口団地の空撮で、右側が駅にあたる。
◎1953（昭和28）年12月21日
撮影：朝日新聞社

西宮北口駅
周辺
1953年
（昭和28年）

1937（昭和12）年に完成した阪急西宮球場（後の阪急西宮スタジアム）は、プロ野球の阪急ブレーブスの本境地であり、読売ジャイアンツ（巨人）との日本シリーズの舞台になっただけでなく、多様なスポーツイベントや西宮競輪が開催されるなど、多くのスポーツファンに親しまれてきた。球場の左側に見えるのは、競輪用の木製組み立て式バンクである。奥を走るのは東海道本線、右側の線路は阪急今津線。
◎1958（昭和33）年2月28日
撮影：朝日新聞社

円柱形の塔を備えた独特の外観で、三宮周辺のランドマークだった神戸阪急ビル東館（阪急会館）。左側を走る高架線の阪急神戸線は、このビルの中に駅とホームを置いていた。1936（昭和11）年に完成したこのビルと駅は、戦後も長く神戸の街のシンボル的存在だったが、1995（平成7）年の阪神・淡路大震災で大きな被害を受けて解体された後、2021（令和3）年に高層ビルへと生まれ変わった。◎1970（昭和45）年3月5日　撮影：朝日新聞社

伊丹線

半径60mという阪急随一の急カーブを通って塚口駅に入る伊丹線の列車。先頭の621号車には、同系第1編成の中間車として製造された620号車（後に631号車へと改番）が試験的に履いていた直角カルダン駆動の台車が流用されている。中間に連結されているのは600系。
◎塚口　1975（昭和50）年2月13日
撮影：岩堀春夫（RGG）

81ページの660号車と共に、前面が非貫通とされた610系610号車。神宝線の小型車はほとんどが昇圧時に廃車されたが、この610系は使い勝手が良かったのであろうか、昇圧改造が施されてその後も伊丹線や今津線で活躍した。能勢電鉄への移籍に際しては、直流600Vへの降圧改造が行われている。◎塚口〜稲野　1974（昭和49）年10月7日　撮影：岩堀春夫（RGG）

96-97号車は、ディーゼルカーの導入で余剰となっていた加越鉄道の客車を1940（昭和15）年に譲り受け、西宮工場で電車化したという異色の経歴を持つ。車体はそのまま流用し、デッキ部分を運転台化。中央寄りに客扉を設けた。一時は電装解除され、900形などの中間車として神戸線でも運用されたが、末期は再び電動車化されて今津線や伊丹線で運用された。
◎塚口～稲野　1959（昭和34）年7月16日　撮影：小川峯生

阪急伊丹線の終着駅である伊丹駅は、国鉄福知山線の伊丹駅の西側に置かれている。1920（大正9）年に開業した後、1968（昭和43）年に現在地に移転して高架駅となった。この駅が存在する伊丹市は古くから酒造業で栄えた町で、江戸時代には公家の近衛家の所領となっていた。この時期、駅周辺には古い民家が建ち並んでいるが、阪神・淡路大震災後の復興や建て替えなどで、現在はビルやマンションも増えている。◎1968（昭和43）年11月　撮影：朝日新聞社

伊丹駅周辺
1968年
（昭和43年）

今津線
⑥

946

宝今
塚津
間

西宮北口駅の今津線ホームで並ぶ920系と600系。電動車600形と制御車650形（元800形）からなる600系は、魚腹台枠と丸屋根の大型車体、前面や側面中央扉の緩やかな雨樋など、いわゆる「川崎造船型車両」の始祖となった。この600号車の貫通扉が正雀車庫で保管されているほか、602号車も正雀車庫で静態保存されている。
◎西宮北口　1970（昭和45）年8月　撮影：岩堀春夫（RGG）

まだ民家もまばらな今津線を行く普通列車。編成の先頭は320形で、後ろに500形-300形（または310形)-500形の3両固定編成が続く。320形と500形は似たような外観だが、500形は屋根上のフンボードがパンタグラフ部分のみに短縮されたほか、ウインドシルの形状が異なる。
◎今津線 (撮影地不詳)
1964 (昭和39) 年9月
撮影：田尻弘行

デビューして20年を迎えたころから支線運用が中心となった1200系。1000系グループは準張殻構造が影響したのか他形式よりも活躍期間が短く、なかでも1200系は従来車から電気機器を流用して製造されたこともあってか、冷房化改造されることもなく1983 (昭和58) 年に全車が引退した。◎西宮北口　1976 (昭和51) 年12月25日　撮影：岩堀春夫 (RGG)

アンチクライマやシル・ヘッダ、屋根上に飛び出たヘッドライトなど、900形に始まったデザインを受け継ぐ最後の形式と言える610系が、今津線を行く。この頃は全線の通し運転が基本だった同線だが、ダイヤモンドクロスが撤去された1984（昭和59）年をもって運行系統も分断。以降は今津北線・今津南線と俗称されるようになった。
◎門戸厄神〜西宮北口　1974（昭和49）年10月7日　撮影：岩堀春夫（RGG）

甲陽線

甲陽線を行く920系。写真の973号車は同系の最終グループにあたる6次車で、完全な新製車でありながら書類上は当時同じ会社だった京阪215号車の更新名目とされた。6次車は後に全室運転台となり、踏切事故対策として前面を補強。これが奏功したのか、この973号車を含む4両は920系最後の編成となった。
◎甲陽園〜苦楽園口　1975（昭和50）年2月13日　撮影：岩堀春夫（RGG）

京都本線

中津駅付近で離合する100系の上下列車。1500番代は付随車のグループで、新京阪時代は500番代がつけられていたが、阪急との合併後は宝塚線用500形と重複するため、1950（昭和25）年に原番プラス1000の1500番代に改番された。右側編成の3両目に写る窓が小さい車両は、1949（昭和24）年に登場した1550形（登場時は550形）である。
◎梅田～十三　1960（昭和35）年8月
撮影：白井 昭（NRA）

100形4両編成の急行列車が淡路駅を出発し梅田駅に向かう。写真では左奥の天神橋方面から右手前の2号線と中央の3号線の双方に進入できるが、その後のホーム延伸工事で配線の変更が行われ、現在は3号線にしか入線できない。最も右端に写る線路は、1954（昭和29）年まで存在した1号線の跡。同駅周辺は現在高架化工事が進められており、様相が一変している。
◎1960（昭和35）年7月
撮影：白井 昭（NRA）

中央やや上に見えるホームが十三駅。右から神戸線、宝塚線、京都線という３本の路線が合流し、上側の梅田方面に向かう。この当時、十三〜梅田間を三複線とする工事が進められており、３年後の1959（昭和34）年に完成する。中央やや右を貫く道路は国道176号（十三筋）で、この十三駅付近で府道41号大阪伊丹線と分かれている。
◎1956（昭和31）年８月18日
撮影：朝日新聞社

梅田行きの急行列車が十三駅に
到着。現在の同駅京都線ホーム
は全体的に緩やかなカーブを描
いているが、この頃は直線と急
カーブで構成されていたようで
ある。奥に見える7号線は同駅
折り返しの列車が使用していた
が、梅田駅の拡張工事が完成し
たことなどから全列車が梅田駅
へ直通するようになり、1976
（昭和51）年に廃止された。
◎淡路
1959（昭和34）年7月16日
撮影：小川峯生

１次車の102号車を先頭とする
100系４両編成。100系の特徴
の一つであるこのいかめしい幌
は、枠部分に緩衝器が仕込んで
あり、連結時に互いの車両の幌
が押し合うことですき間を埋め
るというもの。幌の接続が不要
なため作業の手間は省けるが、
雨天時はすき間から錆水が垂れ
るため、苦情が出ることもあっ
たという。
◎淡路　1960（昭和35）年7月
撮影：白井 昭（NRA）

車庫で点検中の4001号電動貨車。元をたどると1928（昭和３）年に製造された４号電動無蓋貨車で、運転室の幅は台枠幅と同
じだった。1949（昭和24）年にレールなど長尺物を運ぶため、車体中央にクレーンを設けると同時に運転室の両側を削り、逆
凸型に。さらに９年後、向かって左側を元の幅に復元し、このスタイルとなって1979（昭和54）年まで使われた。
◎正雀車庫　1962（昭和37）年8月　撮影：白井 昭（NRA）

127号車を先頭にした普通列車が正雀駅に進入する。100形と1500形を合わせて73両（1550形も加えると78両）という大所帯の100系は、戦後も長らく京都線の主力として活躍。廃車が始まる1971（昭和46）年まで、急行運用にもあたっていた。現在は116号車が動態保存されており、工場公開イベントなどで体験乗車が行われることもある。
◎正雀　1972（昭和47）年6月　撮影：岩堀春夫（RGG）

正雀車庫で並んだ3両の事業用車。中央の4501号車はもともと客室の中央に魚菜室を設けた8号客貨合造車で、デハニ5001号車を経て救援車となった。右の4002号車は左にいる4001号車（左ページで詳述）と同一仕様で製造された5号電動無蓋貨車が改番されたもの。4501号車と4002号車は廃車までほぼ原形を保っていた。
◎正雀車庫　1973（昭和48）年5月26日　撮影：岩堀春夫（RGG）

高槻市駅を通過する京都行き特急列車。1300系は16両が製造されたが、第1編成にあたるこの1301号車以下3両編成は扉間に固定クロスシートを装備。主に特急運用に充当された。ちなみに京都線用の車両は、この1300系や1600系、さらに2300系や3300系も車両番号が1から付番されていたが、5300系より神宝線と同じ0からの付番に変更された。
◎高槻市　1960（昭和35）年7月　撮影：白井 昭（NRA）

阪急が高架工事中の仮線として東海道新幹線の線路を使っていたことがよく分かる1枚。まず新幹線の高架橋が建設され、新幹線用に敷かれたレールを阪急が間借りして、従来線があった場所に高架橋を建設した。上牧・水無瀬・大山崎の3駅は仮ホームで営業。間借り期間は約8か月で終わり、アプローチ線も姿を消した。
◎高槻市〜上牧　1963（昭和38）年　提供：レイルウェイズ グラフィク

阪急京都線の大山崎駅、国鉄東海道本線の山崎駅の北側には、両線が並行して走る直線区間が存在する。戦前には、国鉄が誇る超特急「つばめ」を新京阪（現・阪急京都線）のP-6形（後の阪急100系）が追い抜いたというエピソードがあった場所である。この写真は1956（昭和31）年11月の撮影。東海道本線の全線電化が完成し、一番列車となった特急「つばめ」が阪急の100系と並走している。◎大山崎〜長岡天神　1956（昭和31）年11月19日　撮影：朝日新聞社

桂駅に入駅する梅田行きの急行列車。同駅は1980年代前半に現在の配線となるまで、京都本線の上下線が嵐山線を挟み込む構造だった。写真には写っていないが、この左側に京都線の上りホームがあり、線路は画面奥で嵐山線の築堤をくぐって右へ向かう。◎桂　1961（昭和36）年8月　撮影：白井 昭（NRA）

千里線

柴島駅付近を走る10形の４両編成。とところで、神宝線と京都線では"育ちの違い"による差異が随所にある。その一つが、運行標識板を差し込むパーツの関係。京都線はこの写真のように車体側に突起があり、板側には筒状パーツが付いているのに対し、神宝線はその逆。5300系の増備途中で神宝線仕様に統一された。
◎淡路〜柴島　1960（昭和35）年７月
撮影：白井 昭（NRA）

千里山行きの列車が市役所前駅に到着。中間の1550形は1949年に増備された100系の中間付随車で、窓の大きさが異なることから編成美を乱すとファンからは不評だったという。市役所前駅（開業時は西吹田駅）は現在の吹田駅の西寄りに位置。背後に見える国鉄東海道本線の跨線橋は今も変わらない。
◎市役所前　1960（昭和35）年７月
撮影：白井 昭（NRA）

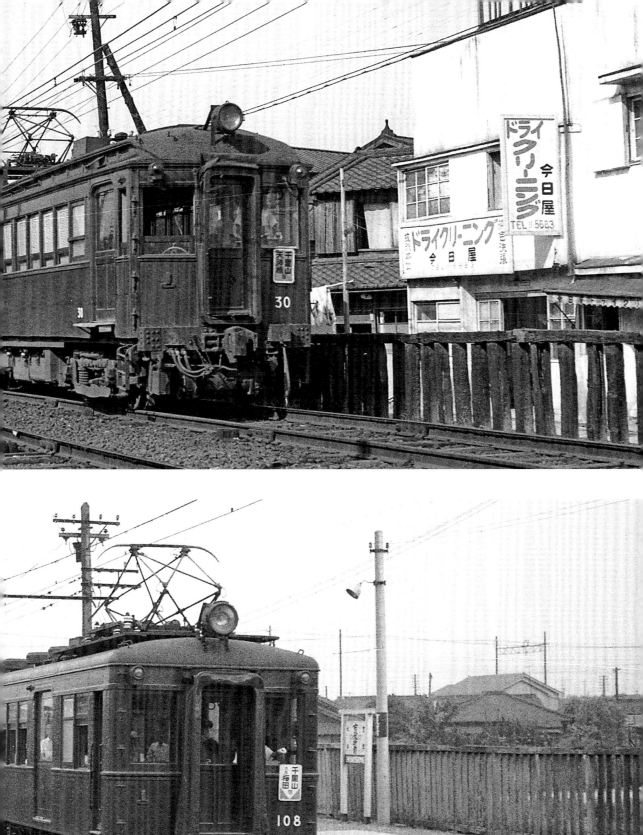

豊津～関大前間の急カーブを行く100系。先頭の1514号車は、1950年に天神橋～京都間のノンストップ特急用としてクロスシートを装備し、マルーンとオレンジのツートンカラーを身にまとった過去を持つ。57ページの写真にもみられるが、下部の両隅が三角形に塗られた運行標識板が懐かしい。◎豊津～関大前　1973（昭和48）年1月　撮影：岩堀春夫（RGG）

大阪市営地下鉄堺筋線には、阪急のほか南海も相互直通運転への意欲を示していたが、万博会場へのアクセスルートとして活用できることが決め手となり、阪急に軍配が上がった。両者の車両が会場最寄り駅で並ぶこの写真は、その対決を象徴する1枚と言えよう。地下鉄車の行先幕に描かれた万博ロゴにも注目。
◎万国博西口　1970（昭和45）年9月13日　撮影：岩堀春夫（RGG）

144ページ上写真と同じ、10形30号
車を先頭とする4両編成が千里山線を
行く。千里山線の十三～千里山間は北
大阪電気鉄道の手によって1921（大正
10）年に開業。沿線では約13万4000
坪に及ぶ千里山住宅地や墓地が開発さ
れたものの、戦後しばらくまで田畑も多
く見られた。
◎千里線（撮影地不詳）
1960（昭和35）年7月
撮影：白井 昭（NRA）

「Ｐ-６」こと100系は3次に分かれて導入され、この121号車を含む２次車は部内呼称で「Ｐ-6B」、120号車以前の１次車は「Ｐ-６Ａ」とも呼ばれていたようである。また、１次車は全鋼製で騒音や防寒対策のため側窓が二重窓だったのに対し、２次車は半鋼製で窓も通常のものとなった。
◎千里線下新庄～淡路
1960（昭和35）年７月
撮影：白井 昭（NRA）

嵐山線

桂駅を発車する嵐山行きの普通列車。250系は車体幅が阪急史上最も大きく、丸みを帯びた前面と相まってずんぐりむっくりな印象を受ける。製造当初、大阪方の制御車は601号車を名乗っていたが、1956（昭和31）年に251号車に改称。客室の床は市松模様で照明はシャンデリア風とされるなど、あらゆる意味で特異車だった。
◎桂　1961（昭和36）年8月　撮影：白井 昭（NRA）

100系のトレードマークだった緩衝器付きの幌は、1960年ごろから一般的なものに順次交換された。1508号車（←508号車）は元3次車の538号車で、旧508号車の電動車化を受けて空き番を埋めるために改番。十三駅から連結器の高さが違う宝塚線に乗り入れて梅田駅に直通するため、連結器の下方が伸ばされている。◎桂　1961（昭和36）年8月　撮影：白井 昭（NRA）

左上写真の列車を反対側から撮影。10形や250系など小型車がメインの嵐山線では、100系の存在感は抜群だったことだろう。標識灯はもともと取り外し可能なものを向かって左側の窓下に引っかけるスタイルだったが、更新工事で窓上両側に固定式のものを2灯設置。さらに一部の車両は埋め込み改造も行なわれた。
◎桂　1961（昭和36）年8月
撮影：白井 昭（NRA）

嵐山線を行く700系。宝塚線用の550系と同じく運輸省規格型車両で、露出した前面の雨樋など阪急らしからぬデザインが特徴だ。中間に連結された750形は京阪時代に製造された元300形（→1300形）で、京阪1200系に似たスタイルとなっている。嵐山線は戦時中に単線化されたが、今もこの複線用架線柱が残っている。
◎松尾〜嵐山　1975（昭和50）年11月21日　撮影：岩堀春夫（RGG）

110年以上にわたる阪急の歴史の中で、唯一となる流線形車両の250系。新京阪鉄道を吸収した後の京阪が、火災により廃車された25-55号車の代替として、1937（昭和12）年に1編成のみ製造。同年には京阪本線にも流線形の1100形が登場しているが、250系はどちらかと言えば「なまず」と呼ばれた名鉄850系に似たスタイルである。
◎上桂　1964（昭和39）年6月24日　撮影：田尻弘行

桂駅の嵐山線ホームに停車する10系の3両編成。梅田方から16-56-26という編成を組む。26号車は両端とも貫通構造に改造され、さらに撮影時点で梅田方の運転台は撤去されている。10形は1957（昭和32）年から廃車や能勢電軌への譲渡が始まり、この3両と15号車の4両が嵐山線用として1963（昭和38）年まで残った。
◎桂　1961（昭和36）年4月20日　撮影：髙井薫平

上写真の編成を反対側から撮影。10形は当初9〜13号車がP-4、14号車以降がP-5と呼称されていたが、両者の違いは台枠の構造が少し異なる程度である。後に多くの車両が貫通化改造された中、この16号車は引退するまで非貫通スタイルを維持。ただし、ヘッドライトは窓下から窓上に移設された。◎桂　1961（昭和36）年4月20日　撮影：髙井薫平

阪急電鉄の各駅データ
【宝塚本線】

大阪梅田　おおさかうめだ
【所在地】大阪府大阪市北区芝田1-1-2
【開業】1910 (明治43) 年3月10日
　　　　（梅田→大阪梅田）
【キロ程】0.0km（大阪梅田起点）
【ホーム】10面9線
【乗降人員】512,887人 (2019年度)

中津　なかつ
【所在地】大阪府大阪市北区中津3-1-30
【開業】1925 (大正14) 年11月4日
【キロ程】0.9km（大阪梅田起点）
【ホーム】2面4線
【乗降人員】10,351人 (2019年度)

十三　じゅうそう
【所在地】大阪府大阪市淀川区十三東2-12-1
【開業】1910 (明治43) 年3月10日
【キロ程】2.4km（大阪梅田起点）
【ホーム】4面6線
【乗降人員】68,706人 (2019年度)

三国　みくに
【所在地】大阪府大阪市淀川区新高3-6-33
【開業】1910 (明治43) 年3月10日
【キロ程】4.4km（大阪梅田起点）
【ホーム】1面2線
【乗降人員】25,449人 (2019年度)

庄内　しょうない
【所在地】大阪府豊中市内東町1-10-1
【開業】1951 (昭和26) 年5月15日
【キロ程】6.0km（大阪梅田起点）
【ホーム】2面4線
【乗降人員】28,243人 (2019年度)

服部天神　はっとりてんじん
【所在地】大阪府豊中市服部元町1-1-1
【開業】1910 (明治43) 年3月10日
　　　　（服部天神→服部→服部天神）
【キロ程】7.5km（大阪梅田起点）
【ホーム】2面2線
【乗降人員】23,920人 (2019年度)

曽根　そね
【所在地】大阪府豊中市曽根東町3-1-1
【開業】1912 (明治45) 年5月30日
【キロ程】8.7km（大阪梅田起点）
【ホーム】2面4線
【乗降人員】24,131人 (2019年度)

岡町　おかまち
【所在地】大阪府豊中市桜塚1-1-1
【開業】1910 (明治43) 年3月10日
【キロ程】9.5km（大阪梅田起点）
【ホーム】1面2線
【乗降人員】16,895人 (2019年度)

豊中　とよなか
【所在地】大阪府豊中市本町1-1-1
【開業】1913 (大正2) 年9月29日
【キロ程】10.5km（大阪梅田起点）
【ホーム】1面2線
【乗降人員】47,483人 (2019年度)

蛍池　ほたるがいけ
【所在地】大阪府豊中市蛍池東町1-5-1
【開業】1910 (明治43) 年4月25日
【キロ程】11.9km（大阪梅田起点）
【ホーム】2面2線
【乗降人員】41,690人 (2019年度)

石橋阪大前　いしばしはんだいまえ
【所在地】大阪府池田市石橋2-18-1
【開業】1910 (明治43) 年3月10日
　　　　（石橋→石橋阪大前）
【キロ程】13.5km（大阪梅田起点）
【ホーム】3面5線
【乗降人員】44,802人 (2019年度)

池田　いけだ
【所在地】大阪府池田市栄町1-1
【開業】1910 (明治43) 年3月10日
【キロ程】15.9km（大阪梅田起点）
【ホーム】1面2線
【乗降人員】46,169人 (2019年度)

川西能勢口　かわにしのせぐち
【所在地】兵庫県川西市栄町20-1
【開業】1913 (大正2) 年4月8日
　　　　（能勢口→川西能勢口）
【キロ程】17.2km（大阪梅田起点）
【ホーム】3面5線（能勢電鉄を含む）
【乗降人員】44,636人 (2019年度)

雲雀丘花屋敷　ひばりがおかはなやしき
【所在地】兵庫県宝塚市雲雀丘1-1-10
【開業】1961 (昭和36) 年1月16日
【キロ程】18.2km（大阪梅田起点）
【ホーム】2面4線
【乗降人員】9,771人 (2019年度)

山本　やまもと
【所在地】兵庫県宝塚市平井1-1-1
【開業】1910 (明治43) 年3月10日
【キロ程】19.7km（大阪梅田起点）
【ホーム】2面2線
【乗降人員】16,904人 (2019年度)

中山観音　なかやまかんのん
【所在地】兵庫県宝塚市中山寺2-7-1
【開業】1910 (明治43) 年3月10日
　　　　（中山寺→中山→中山観音）
【キロ程】21.5km（大阪梅田起点）
【ホーム】2面2線
【乗降人員】11,350人 (2019年度)

売布神社　めふじんじゃ
【所在地】兵庫県宝塚市売布2-14-30
【開業】1914 (大正3) 年3月21日
【キロ程】22.4km（大阪梅田起点）
【ホーム】2面2線
【乗降人員】8,297人 (2019年度)

清荒神　きよしこうじん
【所在地】兵庫県宝塚市荒神1-9-3
【開業】1910 (明治43) 年3月10日
【キロ程】23.3km（大阪梅田起点）
【ホーム】2面2線
【乗降人員】8,245人 (2019年度)

宝塚　たからづか
【所在地】兵庫県宝塚市栄町2-3-1
【開業】1910 (明治43) 年3月10日
【キロ程】24.5km（大阪梅田起点）
【ホーム】2面4線
【乗降人員】45,315人 (2019年度)

【箕面線】

石橋阪大前　いしばしはんだいまえ
【所在地】大阪府池田市石橋2-18-1
【開業】1910 (明治43) 年3月10日
　　　　（石橋→石橋阪大前）
【キロ程】0.0km（石橋阪大前起点）
【ホーム】3面5線
【乗降人員】44,802人 (2019年度)

桜井　さくらい
【所在地】大阪府箕面市桜井2-2-1
【開業】1910 (明治43) 年4月12日
【キロ程】1.6km（石橋阪大前起点）
【ホーム】2面2線
【乗降人員】10,076人 (2019年度)

牧落　まきおち
【所在地】大阪府箕面市百楽荘1-1-6
【開業】1921 (大正10) 年12月30日
【キロ程】2.7km（石橋阪大前起点）
【ホーム】2面2線
【乗降人員】7,720人 (2019年度)

箕面　みのお
【所在地】大阪府箕面市箕面1-1-1
【開業】1910 (明治43) 年3月10日
　　　　（箕面公園→箕面）
【キロ程】4.0km（石橋阪大前起点）
【ホーム】2面2線
【乗降人員】14,664人 (2019年度)

【神戸本線】

大阪梅田　おおさかうめだ
【所在地】大阪府大阪市北区芝田1-1-2
【開業】1926 (大正15) 年7月5日
　　　　（梅田→大阪梅田）
【キロ程】0.0km（大阪梅田起点）
【ホーム】10面9線
【乗降人員】512,887人 (2019年度)

中津　なかつ
【所在地】大阪府大阪市北区中津3-1-30
【開業】1926 (大正15) 年7月5日
【キロ程】0.9km（大阪梅田起点）
【ホーム】2面4線
【乗降人員】10,351人 (2019年度)

十三　じゅうそう
【所在地】大阪府大阪市淀川区十三東2-12-1
【開業】1920 (大正9) 年7月16日
【キロ程】2.4km（大阪梅田起点）
【ホーム】4面6線
【乗降人員】68,706人 (2019年度)

神崎川　かんざきがわ
【所在地】大阪府大阪市淀川区新高6-14-16
【開業】1920 (大正9) 年7月16日
【キロ程】4.1km（大阪梅田起点）
【ホーム】2面2線
【乗降人員】18,861人 (2019年度)

園田　そのだ
【所在地】兵庫県尼崎市東園田町9-48-1
【開業】1936（昭和11）年9月12日
【キロ程】7.2km（大阪梅田起点）
【ホーム】3面4線
【乗降人員】30,496人（2019年度）

塚口　つかぐち
【所在地】兵庫県尼崎市塚口本町1-1
【開業】1920（大正9）年7月16日
【キロ程】10.2km（大阪梅田起点）
【ホーム】2面3線
【乗降人員】47,193人（2019年度）

武庫之荘　むこのそう
【所在地】兵庫県尼崎市武庫之荘1-1-1
【開業】1937（昭和12）年10月20日
　　　　（武庫ノ荘→武庫之荘）
【キロ程】12.3km（大阪梅田起点）
【ホーム】2面2線
【乗降人員】49,963人（2019年度）

西宮北口　にしのみやきたぐち
【所在地】兵庫県西宮市高松町6-20
【開業】1920（大正9）年7月16日
【キロ程】15.6km（大阪梅田起点）
【ホーム】8面7線
【乗降人員】103,925人（2019年度）

夙川　しゅくがわ
【所在地】兵庫県西宮市相生町2-1
【開業】1920（大正9）年7月16日
【キロ程】18.3km（大阪梅田起点）
【ホーム】2面3線
【乗降人員】27,345人（2019年度）

芦屋川　あしやがわ
【所在地】兵庫県芦屋市西山町1-10
【開業】1920（大正9）年7月16日
【キロ程】21.0km（大阪梅田起点）
【ホーム】2面2線
【乗降人員】15,589人（2019年度）

岡本　おかもと
【所在地】兵庫県神戸市東灘区岡本5-1-1
【開業】1920（大正9）年7月16日
【キロ程】23.4km（大阪梅田起点）
【ホーム】2面2線
【乗降人員】28,105人（2019年度）

御影　みかげ
【所在地】兵庫県神戸市東灘区御影町
　　　　城ノ前1510-2
【開業】1920（大正9）年7月16日
【キロ程】25.6km（大阪梅田起点）
【ホーム】2面2線
【乗降人員】16,748人（2019年度）

六甲　ろっこう
【所在地】兵庫県神戸市灘区宮山町3-1
【開業】1920（大正9）年7月16日
【キロ程】27.4km（大阪梅田起点）
【ホーム】2面4線（通過線2線を含む）
【乗降人員】29,523人（2019年度）

王子公園　おうじこうえん
【所在地】兵庫県神戸市灘区王子町1-4-20
【開業】1936（昭和11）年4月1日
　　　　（西灘→王子公園）
【キロ程】29.2km（大阪梅田起点）
【ホーム】2面2線
【乗降人員】17,996人（2019年度）

春日野道　かすがのみち
【所在地】兵庫県神戸市中央区国香通1-25-6
【開業】1936（昭和11）年4月1日
【キロ程】30.7km（大阪梅田起点）
【ホーム】1面2線
【乗降人員】10,812人（2019年度）

神戸三宮　こうべさんのみや
【所在地】兵庫県神戸市中央区加納町4-2-1
【開業】1936（昭和11）年4月1日
　　　　（神戸→三宮→神戸三宮）
【キロ程】32.3km（大阪梅田起点）
【ホーム】2面4線
【乗降人員】105,849人（2019年度）

【神戸高速線】
神戸三宮　こうべさんのみや
【所在地】兵庫県神戸市中央区加納町4-2-1
【開業】1968（昭和43）年4月7日
　　　　（三宮→神戸三宮）
【キロ程】0.0km（神戸三宮起点）
【ホーム】2面4線
【乗降人員】105,849人（2019年度）

花隈　はなくま
【所在地】兵庫県神戸市中央区北長狭通6-3-5
【開業】1968（昭和43）年4月7日
【キロ程】1.3km（神戸三宮起点）
【ホーム】2面2線
【乗降人員】7,121人（2019年度）

高速神戸　こうそくこうべ
【所在地】兵庫県神戸市中央区多聞通3-3-13
【開業】1968（昭和43）年4月7日
【キロ程】2.2km（神戸三宮起点）
【ホーム】2面4線
【乗車人員】16,219人（2019年度）

新開地　しんかいち
【所在地】兵庫県神戸市兵庫区新開地2-3B-1
【開業】1968（昭和43）年4月7日
【キロ程】2.8km（神戸三宮起点）
【ホーム】2面3線（神戸電鉄は除く）
【乗車人員】14,902人（2019年度）

【伊丹線】
塚口　つかぐち
【所在地】兵庫県尼崎市塚口本町1-1
【開業】1920（大正9）年7月16日
【キロ程】0.0km（塚口起点）
【ホーム】2面3線
【乗降人員】47,193人（2019年度）

稲野　いなの
【所在地】兵庫県伊丹市稲野町1-50-1
【開業】1921（大正10）年5月10日
【キロ程】1.4km（塚口起点）
【ホーム】2面2線
【乗降人員】7,826人（2019年度）

新伊丹　しんいたみ
【所在地】兵庫県伊丹市梅ノ木2-4-1
【開業】1935（昭和10）年3月1日
【キロ程】2.2km（塚口起点）
【ホーム】2面2線
【乗降人員】6,864人（2019年度）

伊丹　いたみ
【所在地】兵庫県伊丹市西台1-1-1
【開業】1920（大正9）年7月16日
【キロ程】3.1km（塚口起点）
【ホーム】1面2線
【乗降人員】23,072人（2019年度）

【甲陽線】
夙川　しゅくがわ
【所在地】兵庫県西宮市相生町2-1
【開業】1924（大正13）年10月1日
【キロ程】0.0km（夙川起点）
【ホーム】2面3線
【乗降人員】27,345人（2019年度）

苦楽園口　くらくえんぐち
【所在地】兵庫県西宮市石刎町1-22
【開業】1925（大正14）年3月8日
【キロ程】0.9km（夙川起点）
【ホーム】2面2線
【乗降人員】12,270人（2019年度）

甲陽園　こうようえん
【所在地】兵庫県西宮市甲陽園若江町7-19
【開業】1924（大正13）年10月1日
【キロ程】2.2km（夙川起点）
【ホーム】1面1線
【乗降人員】9,858人（2019年度）

【今津線】
宝塚　たからづか
【所在地】兵庫県宝塚市栄町2-3-1
【開業】1921（大正10）年9月2日
【キロ程】0.0km（宝塚起点）
【ホーム】2面4線
【乗降人員】45,315人（2019年度）

宝塚南口　たからづかみなみぐち
【所在地】兵庫県宝塚市梅野町1-48
【開業】1921（大正10）年9月2日
【キロ程】0.9km（宝塚起点）
【ホーム】2面2線
【乗降人員】11,753人（2019年度）

逆瀬川　さかせがわ
【所在地】兵庫県宝塚市逆瀬川2-1-17
【開業】1921（大正10）年9月2日
【キロ程】1.8km（宝塚起点）
【ホーム】2面2線
【乗降人員】24,500人（2019年度）

小林　おばやし
【所在地】兵庫県宝塚市千種2-1-1
【開業】1921（大正10）年9月2日
【キロ程】2.8km（宝塚起点）
【ホーム】2面2線
【乗降人員】14,763人（2019年度）

仁川　にがわ
【所在地】兵庫県宝塚市仁川北3- 3- 5
【開業】1923（大正12）年12月28日
【キロ程】4.5km（宝塚起点）
【ホーム】3面3線（うち1面1線は臨時用）
【乗降人員】24,998人（2019年度）

甲東園　こうとうえん
【所在地】兵庫県西宮市甲東園1-204
【開業】1922（大正11）年6月1日
【キロ程】5.4km（宝塚起点）
【ホーム】2面2線
【乗降人員】26,007人（2019年度）

門戸厄神　もんどやくじん
【所在地】兵庫県西宮市下大市東町1-22
【開業】1921（大正10）年9月2日
【キロ程】6.4km（宝塚起点）
【ホーム】2面2線
【乗降人員】20,452人（2019年度）

西宮北口　にしのみやきたぐち
【所在地】兵庫県西宮市高松町6-20
【開業】1920（大正9）年7月16日
【キロ程】7.7km（宝塚起点）
【ホーム】8面7線
【乗降人員】103,925人（2019年度）

阪神国道　はんしんこくどう
【所在地】兵庫県西宮市津門大塚町8-18
【開業】1927（昭和2）年5月10日
【キロ程】8.6km（宝塚起点）
【ホーム】2面2線
【乗降人員】3,872人（2019年度）

今津　いまづ
【所在地】兵庫県西宮市津門呉羽町1-37
【開業】1926（大正15）年12月18日
【キロ程】9.3km（宝塚起点）
【ホーム】1面2線
【乗降人員】24,632人（2019年度）

【京都本線】

十三　じゅうそう
【所在地】大阪府大阪市淀川区十三東2-12- 1
【開業】1921（大正10）年4月1日
【キロ程】0.0km（十三起点）
【ホーム】4面6線
【乗降人員】68,706人（2019年度）

南方　みなみかた
【所在地】大阪府大阪市淀川区西中島3-17- 3
【開業】1921（大正10）年4月1日
【キロ程】1.9km（十三起点）
【ホーム】2面2線
【乗降人員】36,578人（2019年度）

崇禅寺　そうぜんじ
【所在地】大阪府大阪市東淀川区柴島1- 7-28
【開業】1921（大正10）年4月1日
【キロ程】3.2km（十三起点）
【ホーム】2面2線
【乗降人員】5,828人（2019年度）

淡路　あわじ
【所在地】大阪府大阪市東淀川区
　　　　　東淡路4-17- 8
【開業】1921（大正10）年4月1日
【キロ程】4.2km（十二起点）
【ホーム】2面4線
【乗降人員】36,866人（2019年度）

上新庄　かみしんじょう
【所在地】大阪府大阪市東淀川区上新庄2-24- 5
【開業】1928（昭和3）年1月16日
【キロ程】6.3km（十三起点）
【ホーム】2面2線
【乗降人員】47,593人（2019年度）

相川　あいかわ
【所在地】大阪府大阪市東淀川区相川1- 7-24
【開業】1928（昭和3）年1月16日
　　　　（吹田町→京阪吹田→吹田東口→相川）
【キロ程】7.2km（十三起点）
【ホーム】2面4線
【乗降人員】16,200人（2019年度）

正雀　しょうじゃく
【所在地】大阪府摂津市阪急正雀1- 1
【開業】1928（昭和3）年1月16日
【キロ程】9.4km（十三起点）
【ホーム】2面4線
【乗降人員】15,972人（2019年度）

摂津市　せっつし
【所在地】大阪府摂津市千里丘東4- 1- 1
【開業】2010（平成22）年3月14日
【キロ程】10.9km（十三起点）
【ホーム】2面2線
【乗降人員】11,527人（2019年度）

南茨木　みなみいばらき
【所在地】大阪府茨木市天王2- 6-14
【開業】1970（昭和45）年3月8日
【キロ程】12.9km（十三起点）
【ホーム】2面2線
【乗降人員】40,604人（2019年度）

茨木市　いばらきし
【所在地】大阪府茨木市永代町1- 5
【開業】1928（昭和3）年1月16日
　　　　（茨木町→茨木市）
【キロ程】14.8km（十三起点）
【ホーム】2面4線
【乗降人員】57,191人（2019年度）

総持寺　そうじじ
【所在地】大阪府茨木市総持寺駅前町7- 3
【開業】1936（昭和11）年4月15日
　　　　（総持寺前→総持寺）
【キロ程】16.2km（十三起点）
【ホーム】2面2線
【乗降人員】14,064人（2019年度）

富田　とんだ
【所在地】大阪府高槻市富田町3- 4-10
【開業】1928（昭和3）年1月16日
　　　　（富田町→富田）
【キロ程】17.3km（十三起点）
【ホーム】2面3線（通過線1線を含む）
【乗降人員】17,318人（2019年度）

高槻市　たかつきし
【所在地】大阪府高槻市城北町2- 1-18
【開業】1928（昭和3）年1月16日
　　　　（高槻町→高槻市）
【キロ程】20.6km（十三起点）
【ホーム】2面4線
【乗降人員】57,928人（2019年度）

上牧　かんまき
【所在地】大阪府高槻市神内2- 1- 5
【開業】1934（昭和9）年5月13日
　　　　（上牧桜井ノ駅→上牧）
【キロ程】24.9km（十三起点）
【ホーム】1面2線
【乗降人員】9,242人（2019年度）

水無瀬　みなせ
【所在地】大阪府三島郡島本町水無瀬1-17-12
【開業】1939（昭和14）年5月16日
　　　　（桜井ノ駅→水無瀬）
【キロ程】25.7km（十三起点）
【ホーム】2面2線
【乗降人員】9,572人（2019年度）

大山崎　おおやまざき
【所在地】京都府乙訓郡大山崎町
　　　　　大字大山崎小字明島13- 2
【開業】1928（昭和3）年11月1日
【キロ程】27.7km（十三起点）
【ホーム】2面2線
【乗降人員】6,028人（2019年度）

西山天王山　にしやまてんのうざん
【所在地】京都府長岡京市友岡4-22- 1
【開業】2013（平成25）年12月21日
【キロ程】30.2km（十三起点）
【ホーム】2面2線
【乗降人員】12,333人（2019年度）

長岡天神　ながおかてんじん
【所在地】京都府長岡京市天神1-30- 1
【開業】1928（昭和3）年11月1日
【キロ程】31.7km（十三起点）
【ホーム】2面4線
【乗降人員】25,071人（2019年度）

西向日　にしむこう
【所在地】京都府向日市上植野町南開23- 1
【開業】1928（昭和3）年11月1日
　　　　（西向日町→西向日）
【キロ程】33.6km（十三起点）
【ホーム】2面2線
【乗降人員】10,315人（2019年度）

東向日　ひがしむこう
【所在地】京都府向日市寺戸町小佃5- 2
【開業】1928（昭和3）年11月1日
　　　　（東向日町→東向日）
【キロ程】35.0km（十三起点）
【ホーム】2面2線
【乗降人員】13,261人（2019年度）

洛西口　らくさいぐち
【所在地】京都府京都市西京区川島六ノ坪町
【開業】2003（平成15）年3月16日
【キロ程】36.3km（十三起点）
【ホーム】2面2線
【乗降人員】12,766人（2019年度）

桂　かつら
【所在地】京都府京都市西京区川島北裏町97- 2
【開業】1928（昭和 3）年11月 1日
【キロ程】38.0km（十三起点）
【ホーム】3面6線
【乗降人員】45,103人（2019年度）

西京極　にしきょうごく
【所在地】京都府京都市右京区西京極西池田町 2
【開業】1928（昭和 3）年11月 1日
【キロ程】40.1km（十三起点）
【ホーム】2面2線
【乗降人員】18,233人（2019年度）

西院　さいいん
【所在地】京都府京都市右京区
　　　　　西院高山寺町38- 1
【開業】1928（昭和 3）年11月 1日
【キロ程】41.9km（十三起点）
【ホーム】2面2線
【乗降人員】40,522人

大宮　おおみや
【所在地】京都府京都市中京区
　　　　　四条通大宮西入ル錦大宮町127
【開業】1931（昭和 6）年 3月31日
　　　　（京阪京都→京都→大宮）
【キロ程】43.3km（十三起点）
【ホーム】2面2線
【乗降人員】26,448人（2019年度）

烏丸　からすま
【所在地】京都府京都市下京区
　　　　　四条通烏丸東入ル長刀鉾町17
【開業】1963（昭和38）年 6月17日
【キロ程】44.4km（十三起点）
【ホーム】1面2線
【乗降人員】82,325人（2019年度）

京都河原町　きょうとかわらまち
【所在地】京都府京都市下京区
　　　　　四条通河原町西入ル真町52
【開業】1963（昭和38）年 6月17日
　　　　（河原町→京都河原町）
【キロ程】45.3km（十三起点）
【ホーム】1面3線
【乗降人員】78,595人（2019年度）

【千里線】
天神橋筋六丁目
てんじんばしすじろくちょうめ
【所在地】大阪府大阪市北区浪花町14-28
【開業】1925（大正14）年10月15日
　　　　（天神橋→天神橋筋六丁目）
【キロ程】0.0km（天神橋筋六丁目起点）
【ホーム】2面4線
【乗降人員】16,191人（2019年度）

柴島　くにじま
【所在地】大阪府大阪市東淀川区柴島 2-12- 3
【開業】1925（大正14）年10月15日
【キロ程】2.2km（天神橋筋六丁目起点）
【ホーム】2面2線
【乗降人員】4,602人（2019年度）

淡路　あわじ
【所在地】大阪府大阪市東淀川区
　　　　　東淡路 4-17- 8
【開業】1921（大正10）年 4月 1日
【キロ程】3.5km（天神橋筋六丁目起点）
【ホーム】2面4線
【乗降人員】36,866人（2019年度）

下新庄　しもしんじょう
【所在地】大阪府大阪市東淀川区
　　　　　下新庄 5- 1-21
【開業】1921（大正10）年 4月 1日
【キロ程】4.4km（天神橋筋六丁目起点）
【ホーム】2面2線
【乗降人員】8,148人（2019年度）

吹田　すいた
【所在地】大阪府吹田市西之庄町12-21
【開業】1964（昭和39）年 4月10日
【キロ程】6.0km（天神橋筋六丁目起点）
【ホーム】2面2線
【乗降人員】15,022人（2019年度）

豊津　とよつ
【所在地】大阪府吹田市垂水町 1- 1- 4
【開業】1921（大正10）年 4月 1日
【キロ程】6.9km（天神橋筋六丁目起点）
【ホーム】2面2線
【乗降人員】13,167人（2019年度）

関大前　かんだいまえ
【所在地】大阪府吹田市山手町 3- 8-19
【開業】1964（昭和39）年 4月10日
【キロ程】7.8km（天神橋筋六丁目起点）
【ホーム】2面2線
【乗降人員】26,826人（2019年度）

千里山　せんりやま
【所在地】大阪府吹田市千里山西 5- 1- 3
【開業】1921（大正10）年10月26日
【キロ程】8.6km（天神橋筋六丁目起点）
【ホーム】2面2線
【乗降人員】16,237人（2019年度）

南千里　みなみせんり
【所在地】大阪府吹田市津雲台 1- 1- 1
【開業】1963（昭和38）年 8月29日
　　　　（新千里山→南千里）
【キロ程】10.2km（天神橋筋六丁目起点）
【ホーム】2面2線
【乗降人員】20,610人（2019年度）

山田　やまだ
【所在地】大阪府吹田市山田西 4- 1- 1
【開業】1973（昭和48）年11月23日
【キロ程】11.6km（天神橋筋六丁目起点）
【ホーム】2面2線
【乗降人員】23,858人（2019年度）

北千里　きたせんり
【所在地】大阪府吹田市古江台 4- 2 D- 1-101
【開業】1967（昭和42）年 3月 1日
【キロ程】13.6km（天神橋筋六丁目起点）
【ホーム】2面2線
【乗降人員】25,323人（2019年度）

【嵐山線】
桂　かつら
【所在地】京都府京都市西京区川島北裏町97- 2
【開業】1928（昭和 3）年11月 9日
【キロ程】0.0km（桂起点）
【ホーム】3面6線
【乗降人員】45,103人（2019年度）

上桂　かみかつら
【所在地】京都府京都市西京区
　　　　　上桂宮ノ後町33- 2
【開業】1928（昭和 3）年11月 9日
【キロ程】1.4km（桂起点）
【ホーム】2面2線
【乗降人員】7,983人（2019年度）

松尾大社　まつおたいしゃ
【所在地】京都府京都市西京区
　　　　　嵐山宮ノ前町49
【開業】1928（昭和 3）年11月 9日
　　　　（松尾神社前→松尾→松尾大社）
【キロ程】2.8km（桂起点）
【ホーム】2面2線
【乗降人員】5,174人（2019年度）

嵐山　あらしやま
【所在地】京都府京都市西京区
　　　　　嵐山東一川町 7
【開業】1928（昭和 3）年11月 9日
【キロ程】4.1km（桂起点）
【ホーム】3面2線
【乗降人員】9,553人（2019年度）

各種資料をもとに編集部にて作成

伊原 薫（いはらかおる）

1977（昭和52）年3月、大阪府生まれ。幼少期は父親と阪急電車に乗って出かけ、運行標識板のミニチュアを買ってもらうのが休日の楽しみだった。ゼネコン社員を経て2013年から鉄道ライター・カメラマンとして活動。『鉄道ダイヤ情報』『鉄道ジャーナル』『鉄道ファン』などの鉄道雑誌はもとより、旅行雑誌や地域情報誌、webニュースなどでの執筆、テレビ番組への出演や監修、地域公共交通やまちづくりに関する講演やアドバイスなど、幅広く活躍する。京都大学大学院認定の都市交通政策技術者。著書に『関西人はなぜ阪急を別格だと思うのか』『そうだったのか！ Osaka Metro』『「技あり！」の京阪電車』（以上交通新聞社）『国鉄・私鉄・JR　廃止駅の不思議と謎』（実業之日本社・共著）など。Twitter ID：@yakumo0323

【写真撮影】

J.WALLY HIGGINS、小川峯生、白井 昭、髙井薫平、田尻弘行、田中義人、西川和夫、野口昭雄、矢崎康雄、山田虎雄

（RGG）荒川好夫、岩堀春夫、大道政之、河野 豊、松本正敏、森嶋孝司

朝日新聞社

【写真提供】

名古屋レール・アーカイブス（NRA）※J.WALLY HIGGINS、白井 昭両氏の写真

【沿線案内図、絵葉書提供・文】

生田 誠

【協力】

宮地正幸（動輪堂）

昭和〜平成
阪急電鉄沿線アルバム

発行日………………2021年8月5日　第1刷　※定価はカバーに表示してあります。

解説…………………伊原 薫

発行者………………春日俊一

発行所………………株式会社アルファベータブックス

〒102-0072　東京都千代田区飯田橋 2-14-5 定谷ビル

TEL. 03-3239-1850　FAX.03-3239-1851

https://alphabetabooks.com/

編集協力……………株式会社フォト・パブリッシング

デザイン・DTP ………柏倉栄治

印刷・製本…………モリモト印刷株式会社

ISBN978-4-86598-873-4　C0026